莱奥纳多·达·芬奇传

惊才绝艳500年

LEONARDO DA VINCI

500 YEARS AFTER HIS DEATH

[美] 安东·皮鲁西（Antone Pierucci）著
吴小彤 译

新世界出版社
NEW WORLD PRESS

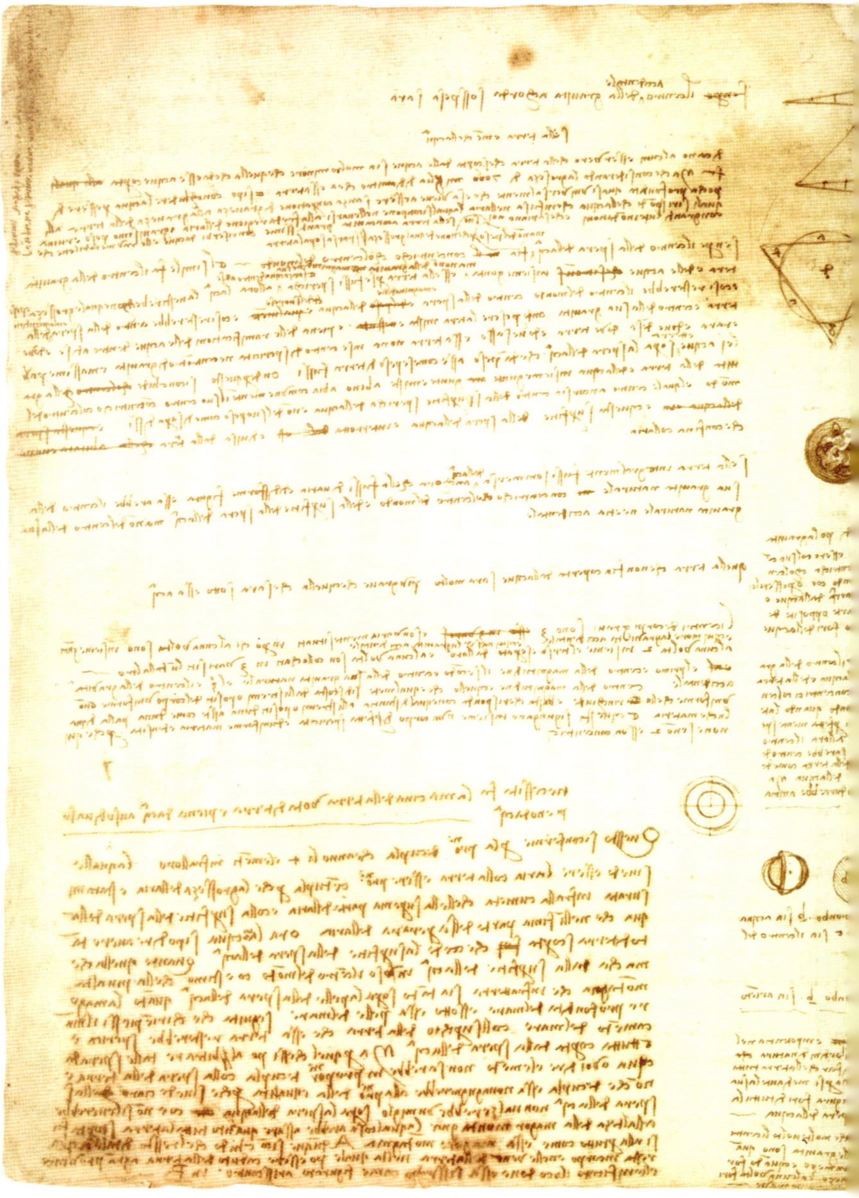

▲ 彩图 1　这是莱奥纳多“镜像笔记”很好的一个例子。字母面向反方向，而且是从右向左书写的

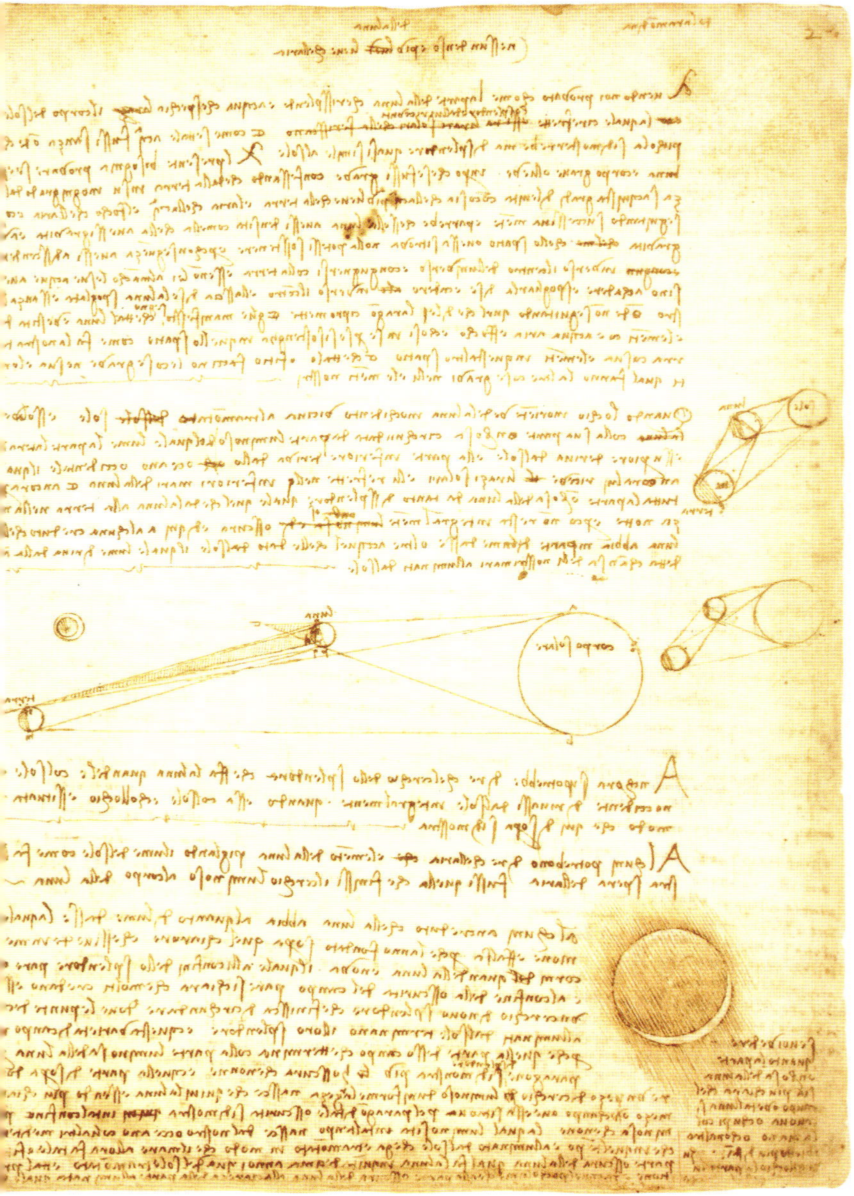

▲ 彩图 2　我们考察《托比亚斯和天使》的细节，可以认定那只狗和那条鱼是莱奥纳多画的

▲彩图 3　《持石榴的圣母》，洛伦佐 · 迪 · 克列迪，1480 年

▲彩图 4 《持康乃馨的圣母》，莱奥纳多·达·芬奇，1473 年

▲ 彩图 5（左） 莱奥纳多的笔记本中贝尔纳多·迪·巴龙切利被绞死的草图

▲ 彩图 5（右） 莱奥纳多笔记本中的第一张降落伞示意图

▲ 彩图 6　《吉内薇拉·班琪》和莱奥纳多后来的不朽名画《蒙娜丽莎》非常相似

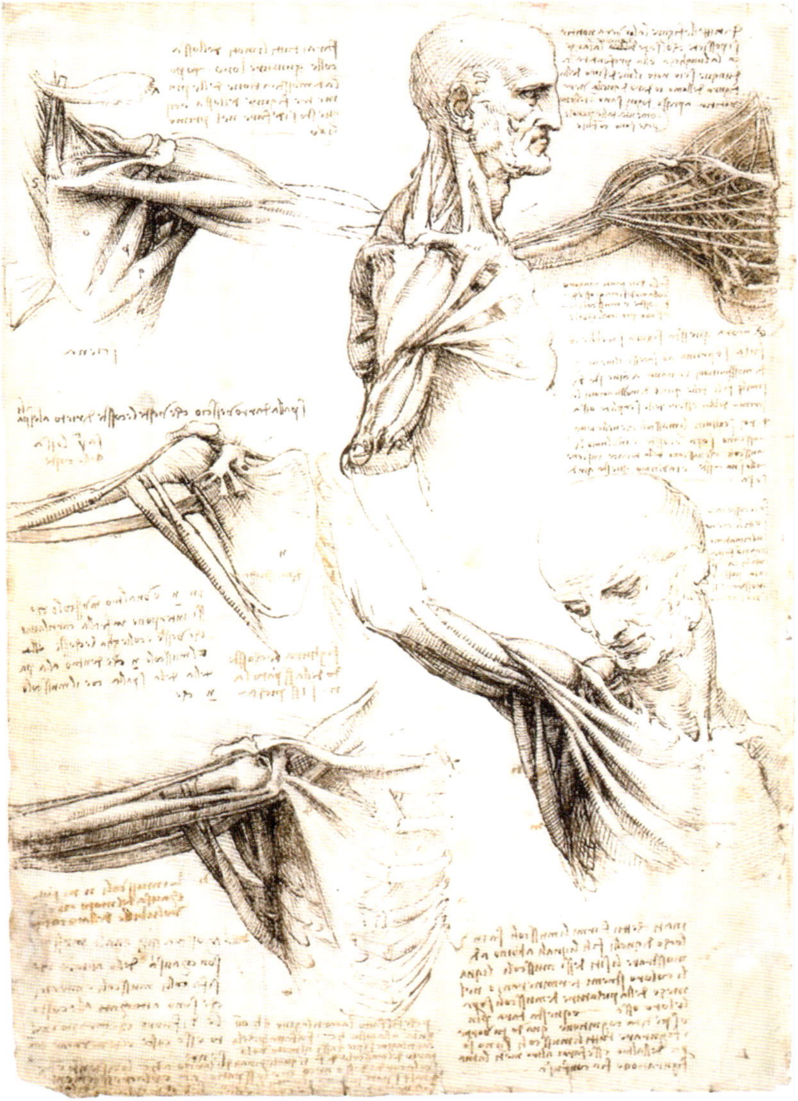

▲彩图 7　莱奥纳多笔记本上充满人体解剖图和人体骨骼结构图

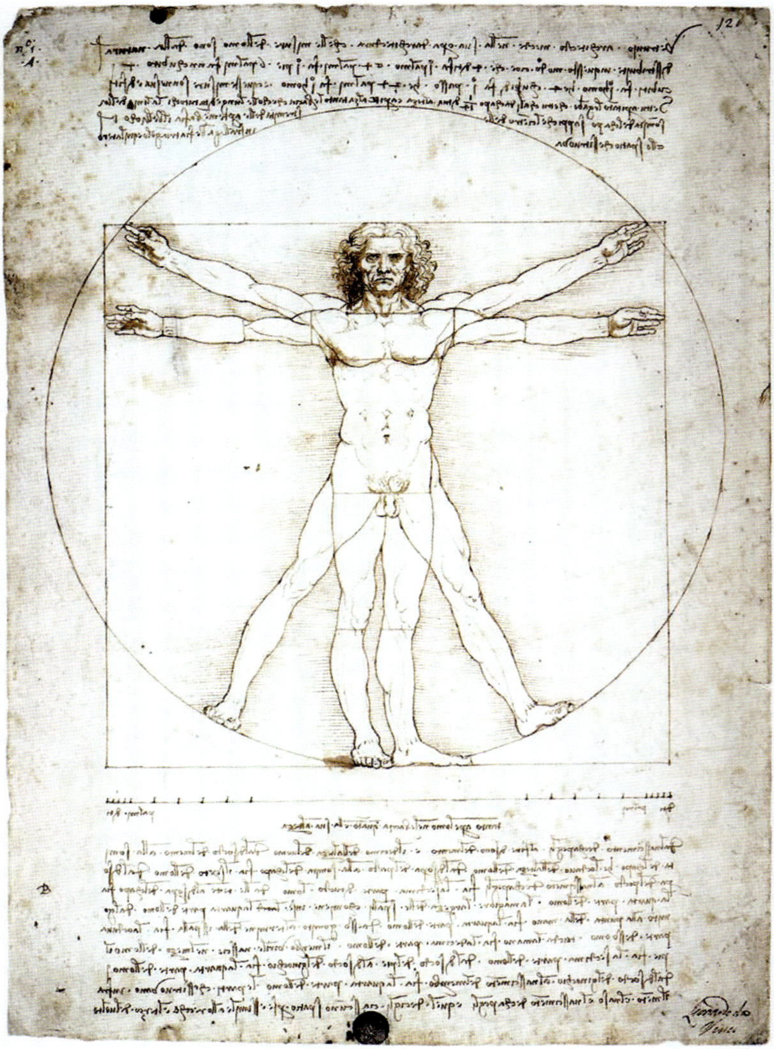

▲ 彩图 8　维特鲁威人：莱奥纳多 1487 年的创作，是他研究人体结构和人体比例的最著名画作

▲彩图 9　《最后的晚餐》，莱奥纳多·达·芬奇，1495 年

▲ 彩图 10《蒙娜丽莎》，莱奥纳多最为著名的代表作。1510 年创作，画中人物是富商弗朗切斯科·乔贡多的妻子丽莎

▲ 彩图 11 《安吉亚里之战》，莱奥纳多未完成之作，画完草图后莱奥纳多又去忙其他的事情了

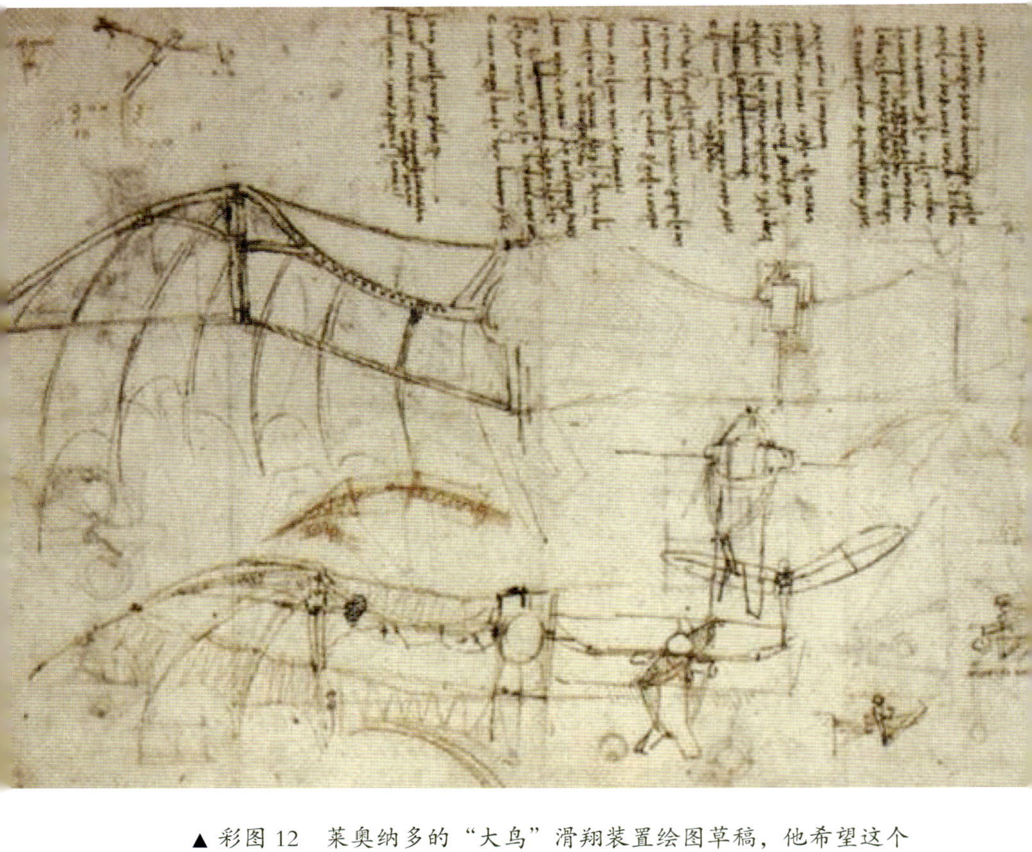

▲ 彩图 12　莱奥纳多的“大鸟”滑翔装置绘图草稿，他希望这个装置能够帮助人类飞向天空，对此，他充满信心

▲彩图 13　莱奥纳多 60 岁时的肖像

▲ 彩图 14　莱奥纳多晚年的肖像一脸憔悴，或许由于中风和短暂抑郁症所致

序

回首500年，没有人比莱奥纳多·达·芬奇更富有魅力和传奇色彩了。他不仅是位非凡的天才，而且还是不可思议的全才，他的跨界堪称无与伦比——就绘画而言，他的艺术作品堪称欧洲艺术的巅峰，是世界上最为著名的艺术瑰宝；他对飞行器的研究，不仅介绍了机械飞行器的装置、气流和鸟类飞行原理，而且还画出了世界上最早的滑翔机和直升机的草图，留下了超过35 000字的手稿和500多幅素描。这份神秘的手稿对20世纪初飞机的成功出现起到了重要作用。

不仅如此，莱奥纳多·达·芬奇还是雕刻家、数学家、发明家、解剖学家、工程师、建筑师、地质学家和作家。他在解剖学上的发现对于医学界来说意义非凡，他对人体心脏细节部分的精准描绘，甚至可以和当今的电脑技术合成图相媲美，启发了英国外科医生率先发现修复心脏瓣膜的方法；他在1495年设计的仿人型机械，被公认为是世界最早的机器人，甚至对美国宇航局的科学家们探索宇宙也有所启发。他的成就在500多年后的今天仍颇具意义。

他似乎无所不能。

然而，在这位伟大的艺术家、科学家和文艺复兴巨人的身上，最为精彩和最富有启示的不仅是他的辉煌成就，还有他屡屡失败和失望后仍砥砺前行的顽强意志、筚路蓝缕奉献一生心血的高尚情操。事实上，这位天才不仅没有少年得志，而且是地道的大器晚成——事业到了而立之年方有一点点起色。一位著名诗人曾经嘲讽他10年完成不了一幅画作。这种侮辱性的语言势必给他本人造成极大伤害，因为诗人所言确是事实。不过，一事无成不是因为他懒惰，而是他追求完美到了极致。可以想象，一个完美主义者会怎样费尽心血去设计并完善他的作品，哪怕尚存一丝改善的可能性。

他深知，即使是天才，也需要时间。

第一幅作品《岩间圣母》完工时，莱奥纳多已经30多岁。尽管这幅作品被后世公认为是旷世杰作（现存于巴黎卢浮宫），但是，与米开朗琪罗相比，莱奥纳多并不占优势——前者在30岁之前就已经完成了伟大的雕像《圣母怜子》（罗马）和《大卫》（佛罗伦萨）。况且，《岩间圣母》不仅没有给莱奥纳多带来收益，反而还引发了一件令人难堪的法律纠纷——客户拒绝收画，因为委托方多年来从未在莱奥纳多的画室里见过这幅画。对于这位渴求一鸣惊人的年轻人来说，这般刚起步就摔倒的失败确实令人沮丧。他在笔记本中抄下但丁《神曲》中的一段文字自勉："一个浪费生命的人是绝对不会成功的，他留在地球上的痕迹如空中烟缕、水面泡沫，顷刻消失无影踪。"

一次次的失败、一次次的沮丧和失望如影随形，接踵而至。莱奥纳多渴望为皮亚琴察市大教堂建造一套青铜门，然而被断然拒绝。他试图涉足今天我们称之为城市规划的项目，为重建一个乌托邦式的米兰做了一系列的前瞻性规划——基于减少疾病传播和美化市容的理念，从城市循环系统到沿河景观、行人区，从花园灌溉到洁净通风的厕所，他为打造米兰"理想城市"而殚精竭虑。但是，这一次又是纸上谈兵，没人搭理他。可以说，莱奥纳多几乎成了失败的代名词，成为失业的专业户。他甚至用写匿名推荐信的方式推销自己，宣称："如果你们此刻在招聘天下英才，请相信我的推荐，没有人会比佛罗伦萨的莱奥纳多·达·芬奇更优秀！"

听起来，好像有点神经不正常。

莱奥纳多失败的事例简直不胜枚举。他和意大利政治思想家兼历史学家尼可罗·马基亚维利（Niccolò Machiavelli）策划了一个改造阿诺河的方案，这项庞大的水利工程方案之本意是绕过比萨城——将这个敌方城市从海上切断。毫无疑问，这一壮举如同水中捞月，当然是一无所获。

借用意大利著名历史学家弗朗切斯科· 奎齐亚迪尼（Francesco Guicciardini）的表述：从“规划到实际投入运作之间”所付出的努力中，我们观察到了“距离”。

再没有比青铜马更为失败的案例了。1482 年，莱奥纳多接受米兰公爵卢多维科·斯福尔扎（Ludovico Sforza）的委托，为其制作世界上最大的青铜马雕像，而且还打算把这个雕像作为赞美卢多维科的父亲弗朗切斯科·斯福尔扎二世的纪念雕像。经过近 10 年的努力之后，这个本可以使他扬名立万的项目，却无可奈何花落去——亚平宁半岛爆发了战争，用来制作青铜马的 75 吨青铜被运到费拉拉熔铸成了大炮。可以想象，当时站在米兰运河岸边的莱奥纳多一定感慨万千，他会觉得命运和梦想宛如这河上漂浮的一叶小舟，随波逐流，而他的名字注定只是风中的烟缕或水面上的泡沫而已。

时年他已 42 岁。

翻开莱奥纳多的笔记本，最常见的一句话是：“今天我要做的事情有……”他每天把工作安排得满满的并规定了完成时间，他想探索的奥秘如此之多，他想做的事情如此之多，他的笔记本上写满了要阅读的书籍、提出的质疑或希望做的实验。他不仅对一些晦涩难懂的知识领域兴趣盎然，而且试图将幻想的东西变成现实的存在，把自己所掌握的宇宙万物知识串联在一起。莱奥纳多不竭的好奇心、想象力和探索精神是他跨越学科、跨越各种限制爆发创造力的源泉，倘若放到今天，他一定是位“万物理论”的大家。

他的好奇心和探索欲是永不枯竭的，也是无法满足的。

“请问贝尼代托·波蒂纳里，”他在一张纸条上写道，“人们是如何能够在佛兰德斯（Fianders，欧洲的一个历史地名）的冰面上健走如飞的？”在另一张纸条上却像是在提醒自己：“给猪肺充气，观察是长度增加还是宽度增加，或是两者都增加。”可以断言，莱奥纳多绝不仅仅着迷于滑冰运动员的姿势或猪肺的大小，而是对街上遇见的任何人或事都会关注，都会引起他的思索。如果今天他和我们一起去旅行，相信他会对手机的原理探究不停，甚至会把一辆汽车拆开，看看其内部构造。最重要的是，他一定会质疑——飞机怎么能够悬在空中不动呢？

从某种意义上讲，莱奥纳多从来没有失败过。

挫折或许只是他今后许多重要成就的奠基石，可谓“失之东隅，收之桑榆”。当他失去铸造青铜马项目时，他接受了另一项任务：在修道院的一面墙壁上画一幅画——一群修道士在吃饭。

风水仿佛轮流转，他的这幅壁画的名字是《最后的晚餐》——世界上最负盛名、最有价值的艺术品之一。

莱奥纳多终于给世界留下了“自己的痕迹”，以此来庆祝他的46岁生日。对于我们来说，莱奥纳多留下的遗产不仅仅是伟大的艺术杰作，不仅仅是飞行器草图、机器人模型和其他诸多划时代的发明，而是向世人证明了一种理念：即使是世界上最伟大的天才，也要坚持不懈。他完美诠释了“人生无论有多少彷徨和焦虑，唯有坚持不懈才能到达理想的彼岸”。

罗斯·金博士

（Dr. Ross King）

为本书作序的罗斯·金博士，是加拿大著名艺术史和人物传记作家。他写过两部关于莱奥纳多·达·芬奇的著作。其中，《莱奥纳多·达·芬奇和最后的晚餐》描述了莱奥纳多花费四年时间在米兰创作著名壁画的过程；《莱奥纳多·达·芬奇的幻想曲》是艺术家趣闻轶事的汇集。其他著作如《布鲁内莱斯基的穹顶》则讲述了在建造佛罗伦萨圣母百花大教堂圆顶过程中鲜为人知甚至令人难以置信的故事。他还写了不少介绍法国印象派艺术大师的著作，如《疯狂的魅力：克劳德·莫奈》《睡莲上的绘画》等。除写作之外，他酷爱旅行——常常携妻子出国，足迹遍及欧美诸国。

目 录

引言

一辆马车吱吱嘎嘎地驶入佛罗伦萨城墙的巨大阴影中，车上的小男孩目不转睛而贪婪地看着沿途的城市景观——高大的岗哨楼、圆顶的宫殿群、尖顶的教堂和沿街的小摊点……目光所及之处都令他兴奋不已。当马车在城边一堵静谧的白色矮墙边缓缓停下时，小男孩激动得仿佛听到了城内5万市民的喧嚣声。突然，头顶传来一声尖叫——一只风筝！一只在托斯卡纳和煦的风中摇曳滑行的猛禽状小风筝。风筝的阴影遮住了小男孩抬起的脸庞，他明亮的眸子随着风筝的摇曳而闪烁——风筝在空中自由翱翔的英姿让他心旷神怡，不，确切地说是让他陶醉痴迷。

少年来自于30英里（1英里≈1.61千米）外的芬奇镇。虽说他并不是第一次来佛罗伦萨——毕竟他的父亲在这个城市有着优越的社会地位和丰厚的收入。但是，这次和以往的短暂停留完全不同——这一次来了就不走了。

等待进城的马车已排成一行，那只扇着翅膀的小风筝越过城墙，飞出了少年的视野。办完入城的手续后，马车载着卷发少年驶入城中，在城里宽阔的道路上欢快地飞奔起来。很快，马车驶过托纳布奥尼大街，来到天主圣三桥前。这座横跨阿诺河的拱桥将佛罗伦萨切成了两块，马车穿过西面的卡瑞拉桥时车身发出嘎嘎声响。小男孩正聚精会神地俯视脚下的阿诺河，只见河水缓缓流淌，清且泛起涟漪，但河面上漂浮的生活垃圾着实令人恶心——充满魅力的佛罗伦萨一直是文艺复兴最为前沿的阵地，但仍然是中世纪的城市。

马车进入繁华拥挤的城区后开始缓缓前行，来自世界各地的各色人等从小男孩眼中一一闪过：面色煞白的英格兰雇佣兵、皮肤黝黑的希腊商人、戴着头巾的埃及学者……15 世纪中叶的佛罗伦萨，虽然只是位于意大利北部的一座小城，但其影响力遍布全球，是名副其实的国际化大都市。

马车终于完全停了下来，新的生活在这个稚气的小男孩面前铺开了画卷。他的身后，是故乡和童年——绿色的山丘、宁静的河流和茂密的森林，那是一个真实的存在；而眼前面对的将是一个成人世界，它钩心斗角、尔虞我诈、变幻莫测……

少年莱奥纳多·达·芬奇果断地跳下车，大踏步走进他的未来。

第一章

达 · 芬奇的世界

14 岁来到佛罗伦萨，这是莱奥纳多 · 达 · 芬奇漫长人生道路的重要里程碑。莱奥纳多 · 达 · 芬奇天资聪颖、博学多识，是彪炳史册的“文艺复兴第一人”，是集艺术家、工程师、哲学家和科学家等多重标签于一身的巨匠。不过，与他极高的声誉相比，莱奥纳多 · 达 · 芬奇在长达 40 年的艺术生涯中并不高产。

身为画家，莱奥纳多 · 达 · 芬奇往往收到款项却拒不按期交付画作，有时甚至随意毁约提高售价，有时承接的作品没完成又揽下下一订单；身为工程师，莱奥纳多 · 达 · 芬奇喜欢在纸上画出一些具有非凡创意的设计图，但鲜有为客户将这些图纸付诸实施；身为医学家，莱奥纳多 · 达 · 芬奇既没有给患者治过病也没有在课堂上授过课。不过，在解剖学方面，他却勇于实践、身体力行，使得他在人体解剖学方面达到了无与伦比的境界。他是思想家、情种、实干家、企业家，也是一位与王室、教皇、贫民和妓女等三教九流都有交集的乡村地主。他是客死他乡的意大利人，是一个私生子，但从不是一个父亲。

怎样才能揭开莱奥纳多·达·芬奇这个神奇巨人的面纱呢？让我们尝试一下吧。其实，每个人的成长都与其生于斯长于斯的故乡有不解之缘，在我们描述莱奥纳多·达·芬奇这名旷世天才和他的非凡成就之前，我们先介绍一下他出生时所面临的外部环境。

让我们从头开始细细道来。

他的名字包含了什么？

1452 年 4 月 15 日晚，在意大利托斯卡纳地区的一个小乡村芬奇镇，莱奥纳多·达·芬奇呱呱坠地，来到了人间。他并没有一个真正意义上的姓，他的全名是：Leonardo di Ser Piero d'Antonio di Ser Piero di Ser Guido da

Vinci，意思是：芬奇镇的迪·塞尔·皮耶罗之子——莱奥纳多。名字中的“Ser”表明他父亲是一个绅士。莱奥纳多的全名隐含了其家族的重要信息，是我们打开莱奥纳多家族历史大门的一把钥匙。

莱奥纳多显然是他的名字，也是当时非常普通的名字。他的名字后面的“di Ser Piero”告诉我们莱奥纳多是塞尔·皮耶罗的儿子（“di”的意思是谁的或者来自）。在此之后，同样的格式告诉我们，塞尔·皮耶罗是安东尼奥的儿子，安东尼奥是另一个塞尔·皮耶罗的儿子，这个塞尔·皮耶罗则是塞尔·圭多（Ser Guido）的儿子——他们都出生在芬奇镇。我们现在不仅列出了莱奥纳多的祖先（直至他的高祖父塞尔·圭多）的名单，而且对其家族的社会地位也有所了解。

“Ser”（塞尔）这个单词与英文中的“sir”（先生）单词相似，但在14世纪和15世纪的意大利，它是对有一定社会地位的成功男人的尊称，比如政府官员、律师等。从历史资料中我们知道，公证员在意大利属于法律界人士，随着商品经济的发展，公证员在起草商业合同、土地买卖、财产继承等法律文件中发挥的作用越来越大，是当时具有重要社会地位的职业。因此，达·芬奇家族的男人们都是绅士，除了莱奥纳多的爷爷安东尼奥之外，所有男人的名字前都缀有“塞尔”的尊称。

爷爷安东尼奥并没有继承达·芬奇家族的传统——他并不青睐达官贵族的那种特权地位反而钟情于懒散悠闲的乡绅生活。他的儿子——莱奥纳多的父亲皮耶罗却完全不同，他雄心勃勃，似乎要干一番大事业。因此，从莱奥纳多成人后的性格来看，应该是幼年时受到爷爷安东尼奥和叔叔弗朗切斯科的影响，而不是生身父亲。

这绝不是巧合。

达·芬奇家族是佛罗伦萨的上等人吗？

达·芬奇家族虽不属于土豪，也没有女儿嫁入贵族，但是从高祖塞尔·圭多开始延续到莱奥纳多的父亲塞尔·皮耶罗·达·芬奇，一直都是殷实富足、钟鸣鼎食之家。“达·芬奇”这个名字在14世纪的意大利是很响亮的，

趣闻

14 世纪和 15 世纪的意大利，市场经济蓬勃发展，公证员在社会生活中扮演的角色极其重要。他们起草商业合同、遗嘱和财产分配等拉丁文法律文件，成为意大利社会经济顺利运行的重要组成部分。

绝非一般贫民所能拥有。对于其家族的高祖塞尔·圭多，我们目前无法考证他确切的出生日期，但至少知道 1339 年他已是一名出色的公证员，在离家乡芬奇镇仅 30 英里的佛罗伦萨城里有着广泛的人脉、繁忙的业务和滚滚的财源。

当时的佛罗伦萨，社会层级可谓是上下有别、泾渭分明。

公证员是典型的中产阶级。同一阶层的还有技术熟练的技师、工匠及中小商人中的新贵，他们既不是腰缠万贯、挥金如土的富豪，也不是家无隔夜粮的贫民。真正富贵的是他们的上一阶层——上流社会的富豪。属于上流社会这一阶层的大多是富甲一方的巨商、著名工匠及新贵，他们过着纸醉金迷的奢侈生活。贵族与这一阶层其他成员的区别不在于财富，而在于血统。中世纪的贵族一般以占有土地的多少来分封爵衔的高低，因此贵族往往来自当时有势力的地主家庭。在莱奥纳多祖先的年代，一个世袭的高贵血统蕴含的是世代权势，其含金量远远超过暴发户式的财富新贵，对于一些因财富暴涨而步入上流社会的巨商富贾们而言，高贵的血统、受人尊敬的社会地位和声望正是他们所渴求的东西。

为了与跻身上流社会的那些暴发户区分开来，贵族们开始大力赞颂骑士美德。其实，佛罗伦萨的骑士虽然偶尔参加一些零星的战斗，但他们并不是真正意义上的职业军人，更多的是盔甲、骏马、长矛、闪亮服装和宫廷舞会等仪式感和礼节性方面的象征，贵族们期望借此体现骑士精神和高尚情操："正义和力量的化身、荣耀和浪漫的象征。"这些圣洁的色彩恰恰是那些拥有财富的商人们所不具备的。

作为一名艺术家，莱奥纳多本人只能算作中产阶级，他无法跨入上流社会——尽管他与精英们交往甚密、交谈甚欢。

这里，有必要提一下意大利的"行会"组织。行会在

一家之言

尼可罗·马基亚维利是15世纪佛罗伦萨政治舞台中活跃的角色，他有一句经典台词正好体现了在城邦制国家中权力的重要性。他说：“实际情况是，尽管你已成为我们阶级中的一员，但如果你无权无势，连狗都不会吠你！”

在佛罗伦萨，连狗也会关心你的身份！

佛罗伦萨的政治权力中扮演了重要角色。经济的繁荣吸引了大批新移民涌入城市，一些积累了财富的工商业者不甘心被排除在政治权力之外，按照行业类型组成了各种“行会”。最初，大多数行会成员以中产阶级为主，但只是昙花一现，待莱奥纳多去佛罗伦萨做学徒时，行会已演变成为凝聚政治力量的权力载体，有权势的工商业精英和大富商们控制了各种行会，城邦的权力转移到他们手中。

在意大利城邦国家中，社会阶层有着严格的划分（即使是同一个行会的成员），但这些社会阶层之间并非老死不相往来，他们联系密切、相互依赖，你中有我、我中有你。

上一阶层依赖于下一阶层的每个人，如同任何的统治阶级都离不开低阶层的建造房屋的建筑工人、离不开工坊生产日用品的工人一样。反之，下一层级的人亦是如此——上流社会的贵族、富豪及天主教会既是文艺复兴时期艺术品的主要消费者，也是艺术创作的主要赞助人。如果没有富裕的精英们的慷慨解囊，不可能诞生像莱奥纳多·达·芬奇这样伟大的艺术家。

造就莱奥纳多·达·芬奇的佛罗伦萨

追溯莱奥纳多的高祖塞尔·圭多·达·芬奇的时代，佛罗伦萨已经是一个成熟的共和制政体的城邦国家。但是，这个城邦的权力是为富有商人、行会领袖及贵族们所有，由他们当中选举产生的代表组成“执政团”来处理城邦政务。尽管表面上佛罗伦萨的每位男性公民都拥有进入执政团的资格，但实际情况是，除极少数低阶层的人士能够进入执政团外，富甲一方的商人和贵族才是真正的幕后权力操纵者。故而最初的共和体制的“市民政府”沦为了寡头政治——由少数人掌控着佛罗伦萨的政治和文化。

意大利的其他城市却不是这样，比如米兰。米兰城邦公爵是说一不二的君主，没有佛罗伦萨式寡头政治的遮羞布。统治者的封号和权威是世袭的，通常是某某爵位的贵族，如某某公爵等（不要与佛罗伦萨的“执政团”的意思混淆）。这意味着他能够像国王一样把王位传给长子。

随着这些大大小小的、由公爵统治的君主制城邦国家相继建立，每一个小国不断与其他城邦国发生纠纷，导致意大利北部纷争不断、战火纷飞。自从达·芬奇家族有可考的历史记载以来，南部的那不勒斯王国、罗马的教皇及北部的米兰，还有佛罗伦萨、威尼斯和热那亚等城邦国家在不断的争斗中逐渐壮大，形成群雄逐鹿的局面，一些较小的城邦如乌尔比诺和锡耶纳也开始崭露头角。不仅如此，不少大国开始对意大利虎视眈眈，期望从其国内乱局中分一杯羹。在莱奥纳多的生涯中，法国就是这些列强中最具威慑力的一个。

达·芬奇家族出现在历史舞台之时恰逢群雄争霸的

年代，由于紧邻佛罗伦萨的芬奇镇完全处于佛罗伦萨的阴影之中，从高祖塞尔·圭多时代开始直至莱奥纳多这一代，佛罗伦萨每一轮的兴旺发达或凋零沦落，都给达·芬奇家族以巨大冲击，每一次哪怕微小的变迁，都给这个家族打下深深的印记，无一例外。佛罗伦萨拒绝了君主制，选择了由少数商贾巨富和世袭贵族组成的执政团，但缺乏权威人物压阵，执政团的一小群人各有主张、互不妥协，将佛罗伦萨拖入纷争不断、议而不决的境地。总之，塞尔·圭多及他后代们生活的那个年代，佛罗伦萨充满了动荡和不安。

用“佛罗伦萨方式”赚钱

当然，佛罗伦萨并非全是血与火的历史。事实上，莱奥纳多出生之后的佛罗伦萨正迎来新的历史发展时期。尽管在残酷的战场上和血腥的内部争斗中，佛罗伦萨人从来不以斗士自诩，可他们却是真正的斗士。他们的激情、他们的战斗力及所有的精力都体现在佛罗伦萨作为商业中心

趣闻

“文艺复兴”（Renaissance）这个词的字面意思是“重生”，是指发生在欧洲 14 世纪中期到 17 世纪（1350 年至 17 世纪）的一场思想文化运动。在这期间，人文主义的兴起，打破了以神学为核心的经院哲学体系，提倡科学方法和科学实验，导致中世纪僵化的社会阶级结构(底部为农奴，顶部是皇族）开始崩溃；艺术创作风格的更新，出现了大量富有魅力的精湛艺术品及文学杰作；当时人们认为，文艺在古希腊、罗马时代曾经高度繁荣，直到现在才获“再生”与“复兴”，因此将这场运动称为“文艺复兴”。莱奥纳多生逢其时，出生在人类最伟大的、进步的变革年代——一个知识和精神空前解放、多才多艺和学识渊博的巨人辈出的时代。倘若他早一个世纪出生，他会被谴责为异教徒，晚一个世纪出生，他取得的一切成就便不具有开创性。

和金融中心的繁荣上面了。

在莱奥纳多高祖塞尔·圭多时代，佛罗伦萨已经是欧洲重要的工业中心和商业中心。尽管佛罗伦萨不是威尼斯那样的港口城市，但丝毫不妨碍它的商品便捷地通过海上运输轻松销往世界各地。佛罗伦萨的羊毛和布料在英国、中东和非洲成为抢手货，佛罗伦萨稳定繁荣的经济使得佛罗伦萨货币金弗罗林迅速成为世界最有价值的货币。佛罗伦萨商人的足迹遍布欧洲和中东的主要城市，甚至主宰了当地的商业，良好的声誉使他们成为欧洲最受欢迎的投资人。

当然，并不是每个佛罗伦萨人都富得流油。财富集中在少数人手中，他们非富即贵，同时掌控着政治和文化大权。莱奥纳多出生之前，佛罗伦萨的经济命脉主要由巴尔迪和佩鲁兹两大家族掌控。这两大家族攫取了佛罗伦萨 80% 的财富和巨大的政治权力，他们庞大的商业帝国把触角伸遍欧洲的每个角落，甚至远至耶路撒冷和君士坦丁堡（土耳其的伊斯坦布尔）。滚滚而来的金钱使他们身世显赫，成为当时君王的座上宾——包括罗马教皇、英格兰国王、法国国王及意大利所有城市的君主。

权力一旦和金钱联姻，贪婪就一发而不可收拾。这些外国统治者开始大肆向巴尔迪家族和佩鲁兹家族“借贷”。在 14 世纪 40 年代——即高祖塞尔·圭多在佛罗伦萨任公证员生涯的黄金时代——英格兰国王爱德华三世（Edward III）向佩鲁兹家族借了600 000金弗罗林，向巴尔迪家族借了900 000金弗罗林。在当时，这是一个天文数字。令人遗憾的是，佛罗伦萨的银行家们在尝到权力甜头的同时丧失了作为商人应有的敏感，他们忘乎所以，完全忽视了权力的傲慢和阴险——大不列颠的国王是上帝的使者，爱德华三世是上帝派来统治地球的。既然如此，还有什么规矩和约束可言？于是当英格兰国王翻脸不认账，一笔勾销了他本人所欠的所有债务时，巴尔迪银行和佩鲁兹银行顿时陷入愁城之中。

尽管如此，两大家族的这场灾难并未给佛罗伦萨繁荣的经济造成致命伤害，风水轮流转，另两个富豪家族——帕兹家族和美第奇家族借此机会登上历史舞台，他们剑锋直指巴尔迪和佩鲁兹两大家族，目标是取而代之。

对于莱奥纳多而言，美第奇家族的所作所为，给他日后的艺术生涯带来了极其深远的影响。

莱奥纳多·达·芬奇世界的基石

这就是莱奥纳多来到人世间所面临的现实和残酷的生存环境。

15 世纪的佛罗伦萨，艺术创新和商业兴旺相互交织，经济的繁荣使得投机和冒险的机会比比皆是。社会各层级无一不是在金钱的驱策下做着人生的苦斗，他们朝或飞黄，夕或沉沦，此沉彼浮，尔荣我辱。对权力的争夺，尤其是意大利各地区、各家族之间，以及与较大邻国之间的权力斗争，使得内战和外部战争的火药桶仿佛一触即发，战争时刻威胁着意大利。尽管如此，佛罗伦萨仍不失为意大利最活跃、最繁荣、最开放的城市之一。自从莱奥纳多进入佛罗伦萨的那一刻起，文艺复兴时期的人文主义精神就引领了他的整个艺术生涯，决定了他一生的生活轨迹；可以说，佛罗伦萨造就了他，使他的名字成为文艺复兴的标志，从而被世代铭记。

第二章

达 · 芬奇的童年

莱奥纳多来到这个纷纷扰扰、尔虞我诈的人世，是在1452年4月15日晚上22点30分左右。这天是星期四。我们今天能够知道这些细节应该归功于他的爷爷安东尼奥。

当天，时年80岁高龄的安东尼奥在高祖塞尔 · 圭多的公证书的最后一页记下了孙子的出生情况：

> 1452年，我的孙子——我儿子塞尔 · 皮耶罗的儿子出生。在4月15日，星期四，晚上第3个小时。他的姓氏是莱奥纳多。

意大利文艺复兴时期的计时方法是依据“玛利亚时间”，即在修道院进行特定祈祷之前或之后的小时数。最后的祈祷发生在日落时分，由此我们可以推断莱奥纳多是在晚上 22:30 左右出生的。安东尼奥还记录了芬奇镇的牧师为莱奥纳多正式洗礼的情景，这位牧师恰巧是他们的邻居。

我们从教堂的文件中得知，牧师是在芬奇镇的教区教堂为他举行的洗礼。这是一场隆重的仪式，一共有 10 名教父教母出席见证，按照当时的习俗，达·芬奇家族在洗礼仪式之后还举行了盛大的派对，端上丰盛的美味佳肴，斟上用自家葡萄酿制的美酒。高朋满座，亲朋好友云集，这是一个健康男孩的命名仪式，是一个在上帝见证下的欢乐庆典！

从隆重的洗礼仪式和众多的出席嘉宾来看，可以看出达·芬奇家族对莱奥纳多这名私生子是充满好感和热烈欢迎的，也可以看出在当时非婚生子并不是什么耻辱的事情。众所周知，莱奥纳多的父亲塞尔·皮耶罗家境殷实，衣食无忧，除了佛罗伦萨的公证业务带来的丰厚收入外，他在芬奇镇近郊还拥有一座花园别墅。与普通市民相比，塞尔·皮耶罗是一个有身份、有尊严的上等人，尽管不属于贵族和富豪，但与为他怀孕生子的女人绝不在一个社会层级。

莱奥纳多生母的身世一直是个谜，我们几乎无从得知。从史料考证，这位名叫卡泰丽娜（Caterina）的 16 岁女孩出身贫寒，可能是达·芬奇家族中的一个女仆，她在与塞尔·皮耶罗多次肌肤之亲后就怀孕了。现在很难断定塞尔·皮耶罗与卡泰丽娜之间是否存在爱情，但是莱奥纳多出生后不到八个月，塞尔·皮耶罗与另一位富有的佛罗伦萨公证员的女儿阿碧拉举行了正式婚礼却是事实。阿碧拉也是一位 16 岁的漂亮少女，女孩在这个年龄结婚即便在当时也算早婚。或许这是一桩早就安排好的门当户对的婚姻，甚至在塞尔·皮耶罗遇到莱奥纳多的生母卡泰丽娜之前就定下了。所谓婚姻，实质是一场交易，必须对双方都有利——塞尔·皮耶罗期望通过迎娶这位有重要商业背景的女孩来获得有价值的社会人脉及财富，这也就不难解释他为什么在卡泰丽娜生下莱奥纳多后不久就抛弃了她。而且，在塞尔·皮耶罗的安排下，卡泰丽娜很快就嫁给了一位本地的憨厚农民。

可以说，莱奥纳多从呱呱坠地的那一刻起，就面临着破碎的家庭和复杂的人际关系——他的生父塞尔·皮耶罗和继母阿碧拉、他的生母卡泰丽娜和名叫阿卡塔布里加（Accatabriga）的继父，同时，也注定了莱奥纳多的童年并不会充满童真和单纯。卡泰丽娜和新婚丈夫阿卡塔布里加住在名叫坎坡·泽皮（Campo Zeppi）的一个山村。历史学家曾经争论不休：新婚的卡泰丽娜究竟是把未婚先孕生下的莱奥纳多带去了坎坡·泽皮村，还是把他送到了他爷爷奶奶那里。常识告诉我们，卡泰丽娜一定是把莱奥纳多带在了身边，毕竟由她来抚养不满 1 岁的儿子比 80 岁高龄的爷爷安东尼奥和 60 岁的奶奶更方便一些，何况坎坡·泽皮村距芬奇镇仅两公里，可谓近在咫尺，来往便利。

在生母怀抱中长大的莱奥纳多，不可避免地要和继父打交道，不仅如此，在他 3 岁时，卡泰丽娜和阿卡塔布里加的第一个孩子出生了，并且在其后的短短几年，卡泰丽娜和阿卡塔布里加的其他几个宝贝也相继来到人世间，莱奥纳多究竟能多大程度地融入有着一群大大小小孩子的阿卡塔布里加家庭，我们不得而知。

尽管我们无从断定童年的莱奥纳多是与生母卡泰丽娜

趣闻

阿卡塔布里加的全名是安东尼奥·迪·皮耶罗·布提·迪·乔万尼(Antonio di Piero Buti del Vacc)，但人们习惯称呼他为“阿卡塔布里加”，这是一个绰号，在意大利语中是“捣蛋鬼”或“爱吵架的人”的意思，通常是指那些性格古怪、脾气乖戾的人，名字很直观地反映了其为人秉性。

和继父阿卡塔布里加在一起的时间多，还是和爷爷奶奶在一起的时间多，但可以断定他与生父塞尔·皮耶罗之间几乎没有联系。塞尔·皮耶罗大部分时光都倾注在他的年轻妻子阿碧拉身上，但是美貌的阿碧拉并没有像卡泰丽娜那样很快就有爱的结晶。塞尔·皮耶罗和她在为怀孕生子而努力奋斗呢。因此，在莱奥纳多的成长过程中，塞尔·皮耶罗的影响力微乎其微。早期的传记作家们甚至错误地认为塞尔·皮耶罗是莱奥纳多的叔叔而不是父亲。面对分裂成两个家庭的亲生父母，童年的莱奥纳多内心的感受如何？他究竟是如何周旋于两个家庭之间的？我们现在只能想象了。

毫无疑问，在幼年的莱奥纳多的记忆中，真正接近他的只有两个人——爷爷安东尼奥和叔叔弗朗切斯科。安东尼奥和他的小儿子弗朗切斯科简直像一个模子刻出来的，都属于那种贪图安逸、悠闲自在的主儿，爷儿俩不喜欢繁华的国际大都会，宁愿在托斯卡纳的小乡村芬奇镇转悠。尽管弗朗切斯科的兄长、莱奥纳多的父亲塞尔·皮耶罗一生都在追求商业上的成功和巴结有影响力的人物，但弗朗切斯科仍心安理得地留在家乡，管理家庭农场和庄园。弗朗切斯科在1498年的税务记录中表示："在这个国家，我毫无就业的可能性。"当然，不工作并不意味着贫穷，弗朗切斯科像他父亲安东尼奥一样下地干活，种植小麦、小米，酿造葡萄酒和制作橄榄油，依靠经营家庭农场来维持生计。叔叔弗朗切斯科和侄子莱奥纳多如同兄弟一般，大部分时间都在一起嬉戏玩耍。

他们才是童年莱奥纳多的至亲，是完全不同于整个达·芬奇家族的另一种存在，也不同于他的生母和继父。游离在这两者之间的莱奥纳多总会失去一些什么，是血缘抑或亲情？我们永远不知道这种分裂的家庭对这位成功男人造成了何种心理影响，但我们却坚信它在铸造一位伟大的艺术家方面发挥了巨大作用。

在芬奇镇长大

童年和故乡，是莱奥纳多魂梦之所依，是培养他成为国际顶级艺术大师的坚实基础。故乡的一草一木及伴随他长大的各种牲畜成为他作品中永恒的主题；童年时光的芬奇小镇和周边农村的景色，以及连绵起伏的托斯卡纳山丘是他艺术作品中永远的背景。可以说，莱奥纳多把自己一生的浪漫爱情献给了故乡及故乡的自然风光。

意大利北部的气候相对温和湿润，夏天闷热，冬天阴冷，海拔较高处还有些降雪。芬奇镇靠近文西奥（Vincio）河，河两岸是平缓的丘陵地带，遍布橄榄果园、葡萄园和种植其他经济作物的田园。

年轻力盛的莱奥纳多喜欢读万卷书而不喜欢行万里路，这与他孩提时代的生活环境有关。

童年的莱奥纳多大多数时光是和爷爷奶奶待在一起的。文艺复兴时期的意大利农场与今天的农场并没有本质区别——除了拖拉机和其他农用机械的出现使得生产率大大提高之外。闲来无事的莱奥纳多本应该多陪他叔叔弗朗切斯科去郊游——当安东尼奥年老体弱后，这位成年男子就代替他父亲下地，采摘橄榄，打理葡萄园，在附近的各个庄园农场调查了解土地状况，和佃农们洽谈商议等；但莱奥纳多对这些有关商业经营的郊游不感兴趣，即使是处于好动的少年时期，他也宁愿选择在故乡的大自然中发呆。性格独立、喜欢沉思都是他将来作为艺术家所必备的秉性。

毫不夸张地说，莱奥纳多童年大部分时光都是在芬奇镇度过的，在文西奥河中游水嬉戏，在蜿蜒曲折的泥土小路上奔跑，躺在开满罂粟花的田地里仰望蓝天浮云，任心情自由翱翔。故乡大自然的风景成了这个小男孩心灵的定居之地。毕竟，绿油油的田野并不在意谁穿行而过，和煦的微风也不会区分贫富贱贵。陶醉于故乡的野外景色，莱奥纳多完全进入了忘我的境界，他痴迷于每块岩石、每一片灌木林和每一条河流，并赋予它们独特的见解。大自然成为他生命中重要的组成部分，意大利的自然风光是他心灵的最后归宿。

对故乡一草一木的热爱当然也包括对与人共居的牲畜的热爱和迷恋——当他还是一个小男孩时就表现出了这种热情。即使是伟大的艺术家，对世界和人生的认识也是从某一具体事物开始的，人畜共居的农庄就是莱奥纳多认识世界的第一站。就像没有绵羊、猪、马、狗和猫等牲畜就不能称之为农庄一样，如果没有大片的树林和林中的狐狸、兔子及小鹿，没有天空中拥有各种不同羽毛的鸟儿，同样

趣闻

如果说“达·芬奇”的姓是起源于“芬奇”小镇，那么他的名字“莱奥纳多”则来源于意大利北部河岸生长的一种植物——柳树，这是一个古老的意大利词语。

当地人喜欢用柳树的根编织成漂亮的篮子或者箩筐，莱奥纳多时代的芬奇镇因这些漂亮的箩筐和篮子而闻名意大利。莱奥纳多擅长画辫子和一些错综复杂的图案，应该是和他小时候看到长辈们用柳树根编织箩筐和篮子有关。

不能称作是莱奥纳多的故乡。

晚年的莱奥纳多最终成为彻底的素食主义者，是否与在这种生活环境中度过的童年时光有关呢？不得而知。在肉类价格比蔬菜贵得多，通常只是有钱人的盘中餐的那个年代，普罗大众渴望的美食佳肴无非是大鱼大肉，而他却刻意避开，确实让人不可思议。

可以肯定，莱奥纳多也是在这个时候学会骑马的，以致后来竟被人们称为马匹鉴赏家，他对马的认知与佛罗伦萨市民对河中穿梭的船舶的认知一样也未可知。在莱奥纳多所著的卷帙浩繁的文献中有不少关于动物的手稿，从几个世纪前幸存下来的这些宝贵资料中我们可以断定，关于动物的手稿大多用于研究，比如动物的外观及如何捕捉的手势等；但也体现了莱奥纳多对小动物的爱心，比如频繁出现在他手稿中的一只特别的猫咪，足以让我们联想到它对莱奥纳多是多么有吸引力！

莱奥纳多童年时结交了一些伙伴，但他从未在笔记中写过他们。对于当时的孩子来说没有一两个小伙伴是很少见的，尽管有时候与这些朋友交往会带来一些麻烦。

趣闻

后人对莱奥纳多的了解大多来自他本人的手稿笔记。这些手稿笔记几乎每天都有，故应视为他的日记而不是他的工作文本。这些文字写在大小不一的纸片上，边边角角、正反面都写得满满的，而且还挤进不少古怪的涂鸦，我们从中可以清晰窥见笔记主人的思想发展历程，以及他发明设计、科学研究的脉络。手稿笔记可以拆分为“图像”和“文本”两种表达方式，涉及人体解剖学、自然和历史、哲学和艺术、科学和技术等领域。其中对人体艺术的研究，对植物和自然风光及对海洋生物的描述等远超同时代的认知范围。今天，这些超过 7 000 页的手稿笔记被当作珍品分散保存在世界各地的著名博物馆。尽管不少手迹已经消失在历史长河中了，令人唏嘘，但更应庆幸的是我们还拥有目前仅存的这些手稿笔记。否则，我们对莱奥纳多将一无所知，对这位文艺复兴巨人的研究也将一筹莫展。

当他以佛罗伦萨为家的时候，莱奥纳多被一群喜欢讲笑话的年轻人所包围，这意味着他本人也将变成笑料。我们可以想象，当一个小男孩结交了一群可以一起打发时间的伙伴时，给当地居民带来烦恼将在所难免。

一家之言

乔尔乔·瓦萨里（Giorgio Vasari）是最早涉足莱奥纳多生平的传记作家。他写道：“莱奥纳多每每经过花鸟虫鱼市场时，总是会花点钱买几只鸟，然后放生，让鸟儿们重新回到自由的天空中去。

初出茅庐的艺术家

毫无疑问，田园生活是我们给莱奥纳多童年描绘的一幅恬静古朴的画面。然而，对于这位在农庄长大的年轻人来说，在田野中玩耍、在小河中嬉闹并不是他生活的全部。毕竟，任何一个在农村待过的人都知道，有些农活是没完没了、永无止境的。

况且，莱奥纳多生活在一个复杂的大家庭中，有他母亲和继父、爷爷奶奶和叔叔。一般来说，打扫房子、打水、饲养家畜、伺候长辈这一类家务活肯定非他莫属，难以推辞。对于一个普通的农家孩子而言，做家务、干农活，和小伙伴打闹玩耍才是童年生活的标配，而对于莱奥纳多这位伟大的天才来说，我们不得不探究他是如何从这些稀松平常的农家生活中解脱，最终成为艺术界的稀世珍宝的。即便是旷世的艺术天才，呱呱坠地时的第一声啼哭也绝不会是一首美妙的歌。难道莱奥纳多在他幼稚的童年时光就接受了系统的艺术训练吗？

我们急切地想知道。

没有！完全没有！事实上，今天的历史学家们都确信莱奥纳多从牙牙学语到青葱少年，直至前往佛罗伦萨当学徒之前，他似乎没有接受过任何艺术方面的训练。更令人惊讶的是，不仅如此，连正规的文化教育也是微乎其微，不足挂齿的。莱奥纳多在记述自己的成长经历时，很坦诚地说自己是“一个没有受过正规教育的人”。

当然，这并不意味着他是文盲，毕竟他能够写日记。

这种“不受传统教育约束”的直接后果是，他不能使用官方的、社会精英们通用的语言来阅读和书写。在意大利文艺复兴时期——以及之前和之后的几个世纪——整个西方世界所有受过正规教育的人都使用拉丁语（古罗马语）

趣闻

现代意大利语已经发展成单一语言了，但在莱奥纳多生活的时代，意大利语有许多种类（或称方言）。人们即使仅相隔数里，见面也无法交谈和沟通。

作为书面语言，大多数法律文本和官方文件也是用拉丁语表述的。可以说，拉丁语是欧洲中世纪和文艺复兴时期当之无愧的国际语言。无论你是法国人、西班牙人还是意大利人，如果受过正规教育并有一定的社会地位，你们的共同点就是：都能够熟练使用拉丁语。

不过，对于家境殷实的莱奥纳多而言，情况并非如此糟糕，更不能因此断言莱奥纳多就是个白丁。即使是私生子，他也是塞尔·皮耶罗的亲生骨肉。他的父亲毕竟是当时的社会精英，他会用他的方式让他的儿子接受一些基础教育，教师很可能是来自当地教区的牧师。莱奥纳多被教会了用芬奇镇的方言阅读和写作，可以说，芬奇镇方言是他真正的母语，是深入骨髓的母语，以至于到了佛罗伦萨，他仍然操一口与其他口音不同的“乡村”方言。莱奥纳多在生命的后期写作时说：“我的母语中有如此丰富的单词，我宁可抱怨我对事物的不理解，也绝不会怀疑用来表达我的思想的文字。”从中可以看到，他是个“字母”型的人，只是不了解其他类型字母的重要性而已！

童年的莱奥纳多既没有受过正规的文化教育，也没有受过系统的艺术培训。15 世纪的意大利与当今发达的互联网社会完全不可同日而语。今天，大街小巷充斥着令人眼花缭乱的图像——灯箱广告、高速公路上的广告牌、公交车车身广告、报纸杂志平面广告及移动互联网和电视中的视频广告……花花世界无所不有，我们生活在一个非常直观的影像世界中。而童年的莱奥纳多在芬奇镇所见的唯一图像就是当地教堂的画作——耶稣受难的宗教场景或抱着婴儿耶稣的圣母玛利亚，除此之外，没有其他形象可以分散他的注意力了，这反而令他更加全神贯注。对于莱奥纳多这样有艺术天分的人而言，每一个礼拜日都是沉浸于艺术品氛围的极佳机会，令他兴奋不已。

那么，除了上述的两幅画作外，芬奇镇的教堂里还有哪些艺术品呢？可以说，十分有限。《抹大拉的玛利亚》彩绘木雕是摆在圣十字教堂里的唯一一件艺术品。这是莱奥纳多受洗和每周做弥撒的地方。此雕塑虽非名家之作，但或许出自名师弟子之手，极有可能是多纳泰罗大师学生的作品。

在芬奇镇之外，令年轻的莱奥纳多可以驻足欣赏的文艺复兴时期艺术品却比比皆是，只是我们现在无从知晓他是否光顾过这些地方。虽说莱奥纳多家境富裕——从他的祖父安东尼奥家中或许能找出几件诸如彩绘十字架或色泽艳丽的雕花木箱之类的东西，但在当时的意大利，艺术是属于上流社会和富豪阶层的，因此，这个即将脱颖而出并成为世界艺术大师的男孩，自幼并未得到来自家庭的任何艺术熏陶。

作为中产阶级家庭的私生子，莱奥纳多夹在赋予他生命的女人和赋予他姓氏的男人之间，由一群奇怪的人抚养，包括亲生父母、继父母、爷爷奶奶和叔叔。因此，莱奥纳多命中注定从小就要处理各类变幻莫测的事情。世事无常，他确信生存之道在于变通。尽管出身尴尬，他的童年倒还恬静安逸。因为在农庄长大，固然免不了做各种农活和家

趣闻

翻开莱奥纳多的笔记，你会发现他的书写习惯是从右向左的。不仅笔记如此，信件也同样如此，与正常书写顺序恰好相反，有些书写甚至呈现镜像效果（见彩图 1），诸如他写的“d”看起来像“b”等。有研究学者认为这种奇怪的书写习惯有一种相当于密码的保护作用，伟大的思想家们都喜欢密码式写作，以防止他人阅读他的手迹而窃取思想。对于莱奥纳多而言，真实情况是：他是一个左撇子！而且，他喜欢左手写字是为了避免右手拖动而抹坏了他的墨迹。假设莱奥纳多去了一所正规学校接受了正规教育，他的老师就会训练这个小男孩改掉左撇子的习惯，用右手写作。

务，但也可以享受田间地头的各种乐趣。父母的抚养时有欠缺，可叔叔弗朗切斯科的帮补从未间断，小莱奥纳多的日子过得还算凑合。

第三章

学徒莱奥纳多·达·芬奇

幸福的时光总是在不经意中悄然消逝，尤其是童年。1466年在莱奥纳多乘坐那辆摇摇晃晃的马车抵达佛罗伦萨之时，他无忧无虑的童年时代实际上已戛然而止。

从芬奇镇到佛罗伦萨的这段旅程对少年莱奥纳多来说并不陌生，毕竟他父亲和父亲的事业都在这座城市，小时候在两地之间来来往往也是习以为常的——尽管次数不多。但这次的到达却有非凡的意义——他并非来看看就走，而是要在佛罗伦萨打拼出一块属于自己的天地。

1466年的莱奥纳多，是一个在芬奇镇的山丘和田野中度过了14年的农村孩子，他习惯光着双脚在乡村尘土飞扬的小路上急速飞跑而不喜欢穿着皮靴在佛罗伦萨的众多广场中悠闲徜徉。然而，这个14岁的乡村男孩左右不了自己的命运，尤其在人生道路的重大节点上，世事如潮人如水。

从一位公证员的私生子摇身一变成为佛罗伦萨一位著名艺术家的门徒，这种鲤鱼跳龙门式的转变谁能神机妙算、事先预测到呢？

莱奥纳多的生活轨迹告诉我们，他的童年时光几乎与任何高水平的艺术无缘，更不可能有接触世界顶级艺术作品的机会，那么，究竟是哪种神秘力量能够敏锐发现那些具有成为世界级艺术家潜能的人，并且能够将这种人的潜能挖掘出来，孵化培养，使之爆发出伟大的能量呢？究竟又是何人具有如此独到的眼光和洞察力，第一个发现这种潜能就隐藏在身边这个沉默寡言的乡村小男孩身上呢？

第一个问题的答案在漫漫的时间长河中已经流逝，无从查证了——如同世界上大多数天才一样，莱奥纳多的艺术才华是天赋的，与生俱来的，与他成长的乡村环境并无太大关联。

第二个问题的答案却很清晰。具有讽刺意味的是，那位在莱奥纳多童年时与他接触最少的人，似乎却是他的贵人，是他伟大的天才基因的发现者。莱奥纳多的缺席父亲塞尔·皮耶罗在他儿子幼小时已经是一名成功人士，跨入了佛罗伦萨的社会上层。在财务自由后，他为佛罗伦萨及周边的教堂和修道院做了不少慈善事业。文艺复兴时期，这个充满对宗教的崇拜和反思的地区聚集了一批当时最有实力、最富特色的艺术家，他们与富裕的城市精英一道，成为莱奥纳多等新一批艺术家成长的坚实基础和财务支撑。

在撰写合同和提供法律服务时，塞尔·皮耶罗偶尔也会见到一些艺术家们。或许是每天例行公事访问客户，塞尔·皮耶罗遇见了当时备受推崇的意大利雕刻家、画家和金

一家之言

莱奥纳多时代的佛罗伦萨，是一个发展迅速的国际化大都市。15 世纪中叶一位旅行者用数字描述了这个城市的庞大规模：绵延 7 英里的城墙，80 个瞭望塔，城内有 108 座教堂为教徒提供祈祷场所，50 个广场为人们提供集市和聚集空间；此外，还有 33 家银行，270 家羊毛制品商店和 83 家丝绸商店。佛罗伦萨的精制服装闻名欧洲。

匠安德里亚·德尔·韦罗基奥（Andrea del Verrocchio）。作为一名颇负声望的艺术家，安德里亚·德尔·韦罗基奥在佛罗伦萨经营着一家艺术工作室。

我们可以想象这样一个场景：塞尔·皮耶罗和安德里亚·韦罗基奥在低声交谈着，随后，塞尔·皮耶罗拿出一张他儿子的小画作展现在安德里亚·韦罗基奥面前。“您觉得我儿子有艺术潜力吗？”他可能会这样问。安德里亚·韦罗基奥看着这幅画，眼里似乎放射出异样的光彩，他看到了真正能够迸发天才能量的小内核。安德里亚·韦罗基奥欣然同意接受莱奥纳多作为徒弟，并以文艺复兴时期培养艺术家的方式训练他。于是，塞尔·皮耶罗回到芬奇镇，他平静地告诉莱奥纳多，他已经安排好了这个男孩的美好未来。

从此，莱奥纳多的命运沿着滔滔不绝的机遇之河流向了佛罗伦萨，流向了一个新世界。

文化冲击

14 岁的莱奥纳多在一幢大青石的建筑前踌躇徘徊，马车扬起的尘土让他不停地咳嗽。他的父亲正在里面等着他，将交代他尽快到安德里亚的艺术工作室报到。毕竟，这个男孩做不了法律公证员——一个私生子是做不到子承父业的，这是莱奥纳多必须面对的残酷现实。

塞尔·皮耶罗在与他第二任妻子弗朗西斯卡·迪·朱利亚诺结婚后，搬到了当地一座著名的花园别墅。塞尔·皮耶罗的第一任妻子阿碧拉于 1464 年生产他的第一个合法的孩子，不幸的是，在分娩之际母亲和婴儿都死了。年近 40 的塞尔·皮耶罗再次成为一个没有妻子的单身汉，或是一个没有合法的继承人的父亲。然而，塞尔·皮耶罗并没有当多久的鳏夫，他身边不缺女人。作为提升社会地位的另一个有利举措，他一直是“上结婚”，即利用联姻攀上更强势的人脉关系。于是，他很快就寻觅到了心上人弗朗西斯卡·迪·朱利亚诺——他的一个商业客户 15 岁的女儿。两人相识不久后便闪婚了。

阿碧拉因难产而死，不久年迈的爷爷安东尼奥也去世了。接着，叔叔弗朗切斯科娶了妻子也离开了家。短短两年内，莱奥纳多接连失去了继母和爷爷，平时相濡以沫的亲爱的叔叔也随着新娘离开家里，他的心情无比沮丧、心灰意冷，尤其爷爷的离世对少年莱奥纳多是一次沉重的打击，如雪上加霜，令他陷入无比悲伤和空虚之中。至于生父塞尔·皮耶罗的家，在莱奥纳多的心目中从来不是自己的栖息之地。

我们并不了解塞尔·皮耶罗的新媳妇弗朗西斯卡·迪·朱利亚诺。这位只比莱奥纳多年长一岁的少女是如何对待她新婚丈夫的私生子的呢？我们不得而知。奇怪的是，塞尔·皮耶罗的第一任妻子阿碧拉却与莱奥纳多关系融洽而且交往颇多，以至于阿碧拉死后很多年莱奥纳多还与她的兄弟保持着联系。这种和睦相处、其乐融融的气氛在弗朗西斯卡·迪·朱利亚诺身上并没有出现，毕竟她与莱奥纳多相处时间太短，很快莱奥纳多就被塞尔·皮耶罗送到了安德里亚的艺术工作室当学徒，而且，一待就是11年。

拜师学艺

安德里亚·韦罗基奥是15世纪下半叶意大利最具影响力的艺术家之一。莱奥纳多能够顺利地进入安德里亚艺术工作室当学徒，想必是其父塞尔·皮耶罗煞费苦心、慎重考虑并努力运作的结果。或许，年少懵懂、不谙世事的莱奥纳多当时并不知晓其中奥妙——他搬到了安德里亚艺术工作室，与其他几个学徒一起生活和工作，而且很快融入了这个大家庭，成为安德里亚大家庭中的一员。大家相处和谐，其乐融融，莱奥纳多没有任何的陌生感和不习惯，他似乎觉得仍在家里，只是没有住在乡下爷爷的房子里而已。安德里亚对莱奥纳多十分宽容，不仅接收他，教他绘画的技巧，给予他艺术上的熏陶，而且还提供很好的膳食。

目前，我们无从考证塞尔·皮耶罗为这项私人定制的服务支付了多少费用，但相信一定是巨额的。

安德里亚·韦罗基奥1435年生于佛罗伦萨一个典型的中产阶级家庭，父亲是一位制造砖瓦的匠人。至今，我们在佛罗伦萨老城中仍可看到安德里亚·韦罗基奥的旧居。

我们对安德里亚·韦罗基奥的青年时代知之甚少，只知道他在17岁时曾有过一次愚蠢的行为。一天下午，他和朋友们去城外玩耍时与一群青年发生了斗殴，误伤一人至死，安德里亚被指控犯有谋杀罪。尽管第二年春天，他获得法庭赦免并与死者家人达成和解，但这对他而言是灾难性的打击，这个案件给安德里亚以后的人生留下了深深的烙印。有人说他后来的艺术作品中带有明显的忧郁色彩，反映了他内心根深蒂固的遗憾。

灾难性的事件风平浪静之后，安德里亚进入佛罗伦萨著名金匠弗朗切斯科·迪·卢卡·韦罗基奥（Francesco di Luca Verrocchio）的艺术作坊当学徒，并因此得到韦罗基奥（Verrocchio）的艺名。在韦罗基奥工作室的几年学徒生涯中，安德里亚获得了素描、设计，以及金属铸造、加工、镂刻和黄金工艺等多方面的艺术训练与实践机会，学会了对细节的关注，这种训练对他以后的艺术成就起到了至关重要的作用。1457年后，安德里亚开始向著名雕塑艺术家安东尼奥·罗塞里诺（Antonio Rossellino）学习大理石雕塑，又在油画大师阿莱所·鲍多温尼特（Alesso

Baldovinetti）那里学习油画，后来，他又有机会师从另一位大师菲利波·利皮（Filippo Lippi），还仔细研究了马萨乔（Masaccio）大师的作品，将其现实主义风格融入自己的创作之中。安德里亚融会贯通能力极强，他能够从别人的作品中汲取营养，不断完善自己，将几种艺术形式糅合在一起，增强了绘画和雕塑作品的表现力，可以说，他简直是一个各门类艺术的通才。

1461 年，安德里亚创办了自己的艺术工作室，成为独立的艺术家。

安德里亚艺术工作室实际是个艺术品的“加工场”，称它为“作坊”“工场”或许更名副其实。为了叙述的需要，我们下面仍然接着称“艺术工作室”吧。工作室主要承接高端的、私人定制的艺术品，如各种尺寸的油画、大型壁画、大理石或是青铜雕塑、木材雕塑、小型金银神灵塑像、彩绘木箱、墓碑雕刻、庆典用的各种彩旗和服装等，不一而足。只要有订单，他们都能做出来。

艺术工作室位于城中的圣安布罗吉奥（Sant’ Ambrogio）区，距塞尔·皮耶罗的公证处仅几步之遥。据考证，安德里亚艺术工作室与其他艺术家工作室应该大同小异，是典型的文艺复兴时代风格——临街的是面积较大的店铺兼制作车间，后面是宿舍，学徒们通常是数人挤在一间屋里，师傅则住在楼上的小屋。

随着客户订单不断增多，木工、金匠和绘画等工种会一起上手，各显神通。一踏进车间，油漆、油画颜料和木材混合的强烈气味就会扑面而来，铁器的锤击和锻造的轰鸣声震耳欲聋——这就是1466年莱奥纳多步入社会的第一站，他并不厌烦，甚至有点义无反顾的意味。

学徒生涯极其无聊乏味，不仅有打不完的下手、干不完的杂活，还要关注订单，关注价格，要学会讨价还价。在意大利文艺复兴时期，作坊里的小学徒们并非轻易就能上手绘画，需要做大量前期准备，与客户议价是重要一环，学徒们在把自己的画笔真正落到画板上之前，必须了解所画的每一笔的价值。安德里亚的艺术工作室当然不会例外，莱奥纳多学徒生涯的早期，一直被熏陶着关注这些方面。

当代油画和文艺复兴时期油画有很大不同——当代西

趣闻

文艺复兴时期，艺术家们通常用他们老师（师傅）的姓氏作为自己的艺名。例如，安德里亚·德尔·韦罗基奥即是从他的第一位师傅——艺术大师弗朗切斯科·迪·卢卡·韦罗基奥的名字中获取了自己的艺名“韦罗基奥”。艺术界同样等级森严，是否师从著名的大师级工匠，其身价和地位在业界可谓天壤之别。因此，但凡师从名师的学徒，都会承袭老师的姓氏作为艺名，这个姓氏（艺名）如同标志或推荐信，终生伴随，人们通过一个人的名字就可知道他的履历、水平及身价。

方油画大多是在亚麻布（油画布）或纸上作画，文艺复兴时期则流行木板油画，绘画作品都是画在木板上的。木板油画所用的木材首选白杨树，而且材料加工颇费功夫。首先，拒绝使用旧的画板，绝不能把原画板上的旧图打磨光再画上新作！所以，选材备料是莱奥纳多这些学徒们接受艺术教育的第一课。其次，一旦选择了面板并按尺寸切割打磨后，要在木板上涂一层涂料。这涂料暗藏玄机——对于这种底漆（现在称为腻子），每位画家都有他自己的独特配方，以求完美地适应他的绘画风格。通常而言，这种底漆的基础材料是由白色粉末矿物质（石膏）加上水及从动物身上提炼的胶质混合而成的，画面干燥后能长期保持光泽。画家们凭借着各自的秘笈，用颜料的遮盖力和透明性充分地表现描绘对象，使画作立体质感更强。

莱奥纳多后来公开了他的底料配方

> 用胶泥和白色松节油涂抹两遍面板，然后刮两层溶入了砷的腻子，或者其他一些带有腐蚀性的物质，刮两次或三次。涂上煮沸的亚麻籽油，使其渗透到整个木板，在冷却之前用布擦拭均匀。然后，用辊子涂抹白色清漆。最后用尿液清洗一遍。

你看懂了吗？反正我没看懂。但莱奥纳多发誓说就是这样。

砷、亚麻籽油还有尿液，这些奇怪的物质居然能混合

一家之言

安德里亚·德尔·韦罗基奥于1488年去世，其学徒在对工作室进行清点后，把他的遗物列了一份清单。让我们看看文艺复兴时期这位顶级大师到底拥有哪些稀奇古怪的物件吧！

一张床，有羽绒被、白色床罩、床垫、床单和彩绘床架

一张餐桌和几条长凳

一只水桶

一个盛放谷物的盒子

一罐油

3个酒桶，共装有14瓶葡萄酒

一大桶醋

一个建筑模具

一个琵琶（一种东方乐器）

一本《圣经》和一些其他书籍

一幅安德里亚肖像画

一个幼儿的人形雕塑

一幅大油画

一座窑及各种铁制工具

五个用于制造炮弹的模具

在一起。按比例混合这些乌七八糟的东西、不停切割打磨面板，这就是莱奥纳多在安德里亚艺术工作室的日常状态，除此之外，还要做一些打杂的活儿，帮忙与客户讨价还价、清扫房屋、搬运垃圾、跑跑腿上街购物等——莱奥纳多在安德里亚作坊里的日子过得忙碌而充实。

终于学会了绘画！

看似一堆单调、毫无乐趣可言的杂活，却是工作室不可或缺、需要认真干好的工作。当然，学徒们于繁杂的忙碌中也不知不觉地接受了艺术熏陶，学习了如何构图和捕捉人物的神态等基础知识，但要在木板上真正展现出来还得假以时日。这是文艺复兴时期培养艺术家的典型模式。后来莱奥纳多自己经营艺术工作室时，也同样不会轻易让20岁以下的年轻学徒触摸油画刷子或颜料，只会让他们用铅笔或金属尖笔来练习。这种金属尖笔大多是铅制的，和我们现在使用的石墨芯铅笔类似，偶尔也有纯银制成的。

16世纪的意大利，纸张绝对属于昂贵的稀罕物。学徒们构图或临摹都不可能用纸，只能用涂有白灰或其他轻质材料的木板练习绘画。莱奥纳多同样如此，不得不将大量时间和精力花在“选材备料”这种辅助工作上。

老师安德里亚把一个人头的黏土模型放在学徒们面前，教会他们如何把眼前的这个黏土塑像描绘到自己的画板上。之后，安德里亚又把模型不断转换角度，让学徒们会勾勒侧视图。随后，老师逐渐提高难度，让他年轻的学徒们从不同的角度挑战更为复杂的技巧。

莱奥纳多在黏土模型上覆盖亚麻布，然后花费数小时用他的银针笔磨木板以造成阴影的效果，并在阴影中用黑色墨水涂抹，从而掌握如何真实地描绘人体衣服的褶皱。莱奥纳多数次使用这种细致的手法，并在他数千页的日记中填充了人的手、腿、头和衣服的随机图像。

安德里亚终于允许学徒们以真人或动物作为模特进行现场练习。通常的情况是：学徒们互为他人的模特，或按老师安德里亚的命题去找可当作模特的小动物。晚年的莱奥纳多将这种方法提升到一个无与伦比的境地——解剖尸体，通过解剖尸体清晰了解骨骼、肌肉及韧带等，从而更逼真地在他的绘画中展现出来。

安德里亚艺术工作室：安身立命之地

进入佛罗伦萨，莱奥纳多就像被巨浪卷进了大海，只有奋力划水、不断向前，才能不被滚滚波涛淹没。而对于偌大的佛罗伦萨而言，似乎只是多了一个乡巴佬而已，无可无不可。莱奥纳多黝黑的皮肤和邋遢的卷发使他在衣冠楚楚的绅士们面前自惭形秽，浓厚的芬奇镇乡音甚至使他一开口说话就显得不合时宜。学徒之间也不是一块净土，莱奥纳多的这些不合群的“特质”会否遭到同伴的欺凌，我们不得而知。但可以肯定的是，他在安德里亚工作室最初几年的日子过得并不舒心，甚至很艰难。

历史并不记录这些个人心理感受的东西，历史只会告诉我们：安德里亚·韦罗基奥是意大利文艺复兴的一代宗师，他领导的艺术工作室培养了当时最有才华的年轻人，不少人日后成为世界顶级艺术大师。

确实如此。

趣闻

莱奥纳多花费了大量时间去临摹安德里亚的作品。临摹师傅的作品本来就是学徒们的必修课。在大量、不断的临摹训练中，学徒们逐渐熟悉了老师的艺术手法，掌握了老师的技巧，不知不觉地把这些融入自己的绘画中。现在的艺术史学家们就是通过这个途径从文艺复兴大艺术家的作品中追溯培养这些大艺术家的大师或“学校”的。每位大艺术家的作品里都隐藏着一些小的细节，通过这些小小的细节就可以轻而易举地追溯其老师，辨别其老师在当时的影响力。莱奥纳多的早期作品中包含他老师安德里亚·韦罗基奥作品的诸多元素也是必然的。

安德里亚的工作室不仅是文艺复兴时期新锐艺术家的聚集地，也是新艺术理念的发源地、新锐艺术品的策划生产之地，当然，也是莱奥纳多的福地——他除了与那些优秀的门徒们朝夕相处之外，还有幸结识了不少艺术界名流。佛罗伦萨艺术界一些颇有名气的当红明星都是安德里亚工作室的常客或合作者。莱奥纳多在此既学习了绘画技术又结识了人脉——年轻的莱奥纳多结识了彼得罗·佩鲁吉诺

（Pietro Perugino）和桑德罗·波提切利（Sandro Botticelli）等人。这些人后来都成为文艺复兴的一代宗师，他们没有莱奥纳多那样的耀眼光辉，完全是因为莱奥纳多的成就使他们黯然失色。

尽管莱奥纳多在安德里亚工作室浸润多年，但安德里亚身边人才济济，莱奥纳多在老师心目中只算有悟性的年轻人之一。一个名叫洛伦佐·迪·克列迪（Lorenzo di Credi）的学徒才是安德里亚最得意的门生，莱奥纳多并不是。事实也是如此，后来接管安德里亚艺术工作室的正是洛伦佐·克列迪，这位勤奋好学、对老师亦步亦趋的年轻

一家之言

莱奥纳多写道："作为学徒，应首先掌握从不同的视角观察物体比例的技巧，要通过仔细品读和亲手临摹大师的作品，让自己接受美的熏陶。当掌握了一定的技巧后，再通过对大自然或所描绘物体的实际考察去印证自己的所学。总之，一定要培养将创作与实践相结合的习惯。"

人在伟大的老师去世后成了其继承人。

1466年莱奥纳多来到佛罗伦萨时，没有一点点可以依靠的家庭背景或社会根基，况且爷爷安东尼奥——他与父亲和继母的联系纽带——不久也离开了人世，情同兄弟的叔叔弗朗切斯科也娶妻另立门户，想必他的内心一定备感孤独。但是，这位赤手空拳投身于喧嚣社会的少年，很快在安德里亚艺术工作室里找到了自己的定位。虽然不是工作室里最受欢迎的学徒，但莱奥纳多凭借自身的努力很快让老师安德里亚有了一种先觉——这个少年身上潜藏着极大的艺术天赋。天生的禀赋、刻苦的学习及和优秀艺术家们接触的良机，使莱奥纳多这颗天才的种子得到沃土的滋润，很快破土而出，发芽、成长，在学徒满师之前，他已经成为一株挺拔的大树，展现出文艺复兴时期最伟大的艺术家的端倪。

第四章

佛罗伦萨的年轻人

1473 年盛夏，一位青年悠闲地坐在山坡上，他双手撑地，眯着双眼仰望蔚蓝的天空，他的长腿下面就是幽深的山谷。正午的天空没有一丝云翳，身旁没有一片阴影，坐在悬崖边上的小伙子仿佛在贪婪享受美景——佛罗伦萨的山林美得令人窒息——这是 21 岁的莱奥纳多的日常生活图景，他的膝盖上摊着一大张纸，上面画着自然风光。这样的风景当然是灵感源泉：小树丛使得郁郁葱葱的山谷和草地山坡不再单调，远处小城墙的陶土墙体，在无边无际的稻草卷中看起来遥远得微不足道。莱奥纳多完成绘画的最后一道工序，署上日期："1473 年 8 月 5 日。"

莱奥纳多一定对自己的绘画感到自豪，因为当时的艺术家很少能这般户外写生，更不用说画图了。但是，莱奥纳多在1473年的那个夏日里有很多值得高兴的事情。在过去的7年里，他已经在佛罗伦萨定居，不仅在繁华的都市生存了下来，而且开始蓬勃发展了。他一个笨拙、晒得黝黑的乡村小男孩已经成长为一个英俊的小伙子。他的卷发整齐地落在肩上，胡须遮住了下巴的边缘。作为一名时尚青年，莱奥纳多与那个多年前第一次走进安德里亚工作室的男孩已有天壤之别，他如今总是能够引领时尚潮流，而且更喜欢整洁而慵懒的造型。

莱奥纳多在绝佳的时机加入了安德里亚的工作室。从16世纪60年代后期开始，安德里亚逐渐成为佛罗伦萨达官贵人的首选艺术家，甚至接受了该市领导人的委托。

美第奇家族：佛罗伦萨的发动机

16世纪60年代后期的佛罗伦萨，美第奇家族作为这个城邦国家的实际统治者拥有绝对的权威。美第奇家族在巴尔迪银行和佩鲁兹银行家族崩溃之后迅速崛起，并且利用这次崛起的机会将其金融资本的势力范围从佛罗伦萨扩展到罗马，再扩展到了整个欧洲。当莱奥纳多的祖父安东尼奥还在乡村里无所事事、享受着田园牧歌般的快乐生活之时，美第奇家族已经攫取了这座城市的最高政治权力，成为佛罗伦萨的实际控制人（僭主）。家族首脑为洛伦佐·德·美第奇（Lorenzo de Medici）的祖父——科西莫·迪·乔凡尼·德·美第奇（Cosimo di Giovanni de Medici）。这位老科西莫精通金融资本和政治权术，成为佛罗伦萨城邦的太上皇，是说一不二的头号人物。

名义上为“共和制”的佛罗伦萨，实际权力完全掌握在美第奇家族手中。1466年，在莱奥纳多进入佛罗伦萨开始他的学徒生涯之际，佛罗伦萨的伟大领导者科西莫·德·美第奇去世，他的儿子皮耶罗·迪·科西莫·德·美第奇（Piero di Cosimo de’Medici）接管家族大业，成为佛罗伦萨城邦的新邦主。皮耶罗·美第奇患有严重的痛风病，人们给他起了个绰号叫“痛风的皮耶罗”。“痛风的皮耶罗”与他“父王”的行事风格简直有天壤之别。老科西莫虽是腰缠万贯的大亨，但平易近人、颜值高且像罗马教皇一般慈祥和蔼，能够在大街边上蹲下来与修鞋匠说笑聊天。“痛风的皮耶罗”则是锦衣玉食、养尊处优，因此，他傲慢自大，刚愎自用，好声色犬马，完全不是“共和”体制下的“人民政治家”形象。

这是一个诡异的存在——美第奇家族在佛罗伦萨的权力地位与其“共和”的政治体制完全相悖。

与美第奇家族的第一次交集

由于饱受痛风折磨的皮耶罗·美第奇经常抱病卧床，于是，长子洛伦佐·美第奇就被家族寄予厚望——他的未来显然就是这个显赫家族的未来。这位绰号为“豪华者”的青年不仅热衷于政治，还喜欢艺术，醉心体育运动，擅长逻辑思辨，是一位野心勃勃、冷静而强势的政治家。

“痛风的皮耶罗”在执政时期把他全部智慧和精力都用于如何攫取权力、把控权力上，以至于民生凋敝、民怨积聚。“屋漏偏逢连夜雨”——肆虐整个欧洲的瘟疫已造成意大利数千人丧生，但瘟疫肆虐的脚步并没有停止，佛罗伦萨厚厚的城墙也难以抵挡瘟疫巨浪的破门而入，莱奥纳多当然不能幸免，如同他初次体验作坊的学徒生活一样，他初次尝到了疾病的痛楚。或许，这种折磨只是开始。

1469 年，洛伦佐·美第奇决定在全城举办一次规模盛大的庆典活动。

年轻气盛的洛伦佐·美第奇希望通过举办一次盛大的庆典活动来驱散瘟疫的晦气和加强家族势力。这次庆典活动是佛罗伦萨人从未有过的。一般说来，大型庆典通常会有个主题和一些举办理由。根据官方的说法，这个新的节日是献给城里一位名为露克列兹亚·多娜缇（Lucrezia Donati）的美女的，洛伦佐·美第奇为这位人气颇旺的美女写下不少赞美诗篇。洛伦佐·美第奇醉心艺术，极力倡导盛大的公共庆典和为眼花缭乱的娱乐活动慷慨解囊是其一贯作风。他为此不遗余力、不吝金钱。

这次节日庆典规模宏大、形式多样、精彩纷呈——既有角逐比赛，也有文艺演出，还有花车游行，简直是全城市民的大狂欢。重头戏是 2 月 7 日在圣克罗齐广场举行的马上比武大会，这场比赛直至下午太阳落山才结束。可以想象当时佛罗伦萨万马奔腾、万众欢庆的景象。这一切都需要华丽的服装、布景和复杂的机械装置，这给安德里亚工作室提供了展示才华和赚钱的机会——普通市民穿上了节日的盛装，上流社会的人家则是花重金聘请安德里亚·韦罗基奥这样有名气的艺术家来设计和量身定制他们的服装，连洛伦佐·美第奇本人也亲自向安德里亚工作室下了订单。面对雪片般飞来的订单，安德里亚把活计列成一张长长的单子，师徒们体味到了从未有过的忙碌。

趣闻

“Medici”（美第奇）在意大利语中有“医生”的意思。医生这个古老的职业早于金融业出现，我们可以从这个词中追溯佛罗伦萨中世纪的社会经济状况。但这个词的双重含义也给历史学家们带来了一些困惑。例如，晚年的莱奥纳多曾写下“Li medici mi crearono e distrussono”的句子，他的意思究竟是“医生创造并摧毁了我”还是“美第奇家族创造并摧毁了我”？换言之，他是在抱怨健康不佳呢，还是对当时的政治体制不满？

不得而知。

洛伦佐·美第奇的订单是：一面巨大的彩色横幅旗帜和女神露克列兹亚·多娜缇的巨幅彩绘肖像。不仅如此，洛伦佐·美第奇还对他的订单给出了非常具体的要求——毕竟，那是个注重颜值的年代——彩旗的中央是一个女性形象，周围环绕着月桂树的花环（在意大利语中，“月桂树”与“洛伦佐”是同源词，“月桂树”象征着“洛伦佐”）。太阳、彩虹的图案放在女性形象的上方，并且还要绣上“昔日重现”这句名言。

16 岁的莱奥纳多和诸位学徒们一道，帮助他们的师傅精心制作了这两幅作品，圆满完成了订单。从内容到形式，他们的团队创作了两件旷世杰作。

当洛伦佐·美第奇看到彩旗和女神肖像画时，不由得喜形于色。安德里亚·韦罗基奥本人因此给洛伦佐·美第奇留下了深刻的印象，美第奇家族与安德里亚 艺术工作室的长期合作关系也由此拉开了帷幕。

接下来的几年里，佛罗伦萨的各种庆典活动接踵而至，人民沉浸在欢乐之中。

以洛伦佐·美第奇为首的大家族肆意寻欢作乐，一切都是铺张花钱的借口，这些娱乐活动互相刺激，一浪高过一浪，实在太需要一流的艺术家和工作室来提供服务和具体操办了。在 1469 年 2 月为女神露克列兹亚·多娜缇举办的大型庆典过后不久，洛伦佐·美第奇和年轻貌美的女子克拉丽斯·奥西尼（Clarice Orsini）的奢侈婚礼更是让人们大饱眼福——整整三天，舞会和宴会交相辉映，其挥霍豪华甚于以往。

安德里亚工作室想必也是赚得盆满钵满。具有创作天赋的莱奥纳多承担了大量的活计，其作品的艺术价值一定非常突出，遗憾的是淹没在芸芸众生之中，现在只能去揣度或想象了。

我们很难用文字表现当年佛罗伦萨的节日庆典盛况——大街小巷挂满五颜六色的彩旗，到处都是舞蹈、杂耍、赛马、斗兽，富有艺术设计的马车、活动画摊、凯旋门模型；人们身着华服，挤在阳台或者街道的两边，甚至聚集在屋顶上，观看遍布整个城市街道的彩车游行。遍身绮罗者，戴着奇形怪状的假面在街上打着鼓，吹着小号，蹦蹦跳跳；小摊贩们大声吆喝，兜售他们的速食商品；玩杂耍的和耍把戏的在人群中穿来穿去；火把通宵达旦地熊熊燃烧，一直到晨曦照亮天空。佛罗伦萨的庆典活动值得一看！各种派对的噪声、气味及感官刺激足以裹挟任何人——尤其是像莱奥纳多这样年轻的艺术家的学徒。

大都市的生活方式让这位乡村小男孩眼花缭乱，如同掉进了万花筒。尤其是旋风一般的狂欢庆典活动，令他充满好奇，兴奋不已。所有庆典活动都是由美第奇家族买单，高额的费用、奢华的装饰和高档的用品，无一不印证这个佛罗伦萨第一家族的强大与富有。尽管美第奇家族的名声如雷贯耳，路人皆知，但洛伦佐·美第奇仍然设法在活动中多留下一些家族的印记，以体现这个家族对城市的关爱和对市民的关怀——如同当今一些公司赞助了运动员或球队后，要在比赛场地（建筑物或球衣上）印上公司名字一样。学徒莱奥纳多积极参加了各种庆典活动，也为举办机构干了一些活儿，毫无疑问，他从中获益匪浅——很快融入文艺复兴时期的意大利都市生活之中，深刻理解了艺术及绘画在社会生活中的价值和作用。

无论是洛伦佐·美第奇这样强势的大人物，抑或城市行会和天主教会等重要机构，都会不择手段获得权力并竭力维护既得利益。何以体现某人的社会地位和彰显其手中调动社会资源的能力？唯有艺术！艺术是15世纪唯一的视觉媒介，从节日横幅到建筑物装饰及所用的艺术品，其实都是权力和金钱的某种表现形式。这也从另一个侧面说明，莱奥纳多想在这个行业获得成功，必须关注有钱有势的人，必须努力与权贵们建立某种亲密的关系——尽管并不总能如愿——“功夫在诗外”必然构成莱奥纳多艺术生涯的重要部分，生命不息，这种努力就不能终止。

卷毛狗、肖像画和行会会员证书

1473年的夏天，莱奥纳多确实是双喜临门，有太多值得高兴的事。

在安德里亚·韦罗基奥工作室的7年学徒生涯里，莱奥纳多明白了艺术和艺术家在权力争斗中所处的地位，搞懂了在文艺复兴时期的意大利如何学习艺术的方式，世事洞明之后，真正的关于技能的学习方才开始。

一家之言

著名诗人安杰洛·波利齐亚诺（Angelo Poliziano）认为在佛罗伦萨的日子过得非常“单调无聊”。难道诗人是对这种“怡然自得、整天都是庆典狂欢”的生活方式感到无聊吗？佛罗伦萨是首屈一指的国际化大都市，文化活动频繁，姑且不论一年中的数十个宗教节日，即使是外国亲王的来访、皇亲国戚的婚姻或生日之类的庆典，也足以让盛大的狂欢活动一年四季不断，整个城市似乎一年三百六十五天都在过节。

如前文所述，一名学徒需要“熬”几年才被允许触摸画笔，至于独立进行整幅绘画作品的创作，则是需要完全熟练掌握基本功并且“熬”到一定的“火候”才具有可能性。莱奥纳多经过数年的基本功训练，终于有机会把画笔触到画板上了，尽管仅限于画某一局部或某一细节。

文艺复兴时期的绘画作品，通常是一个师傅带几个徒弟共同完成，类似现在的“导师制”课题组。通常是导师（师傅）决定基本构图及人物形象，学生（学徒）们画一些较简单的画面，如作为背景的山麓或天空等，其中个别优秀的学徒会有机会接触到主画面或人物的细部。因此，年轻的莱奥纳多早期的艺术创作应该只是一些细枝末节，根本接触不到画作的主要部分。绘画作品的总体构图和主要人物都是出自师傅安德里亚·韦罗基奥之手。

艺术史学家们进行了长达几个世纪的考证，期望能够大致区分哪些是莱奥纳多的手笔，哪些是其他徒弟的习作，但一无所获——至今我们仍是一头雾水！

《圣经》中托比亚斯的故事是15世纪晚期佛罗伦萨非常流行的绘画题材。莱奥纳多作为安德里亚工作室的学徒，理所当然参与了《托比亚斯和天使》的创作。

史学家们把《托比亚斯和天使》与莱奥纳多的作品进行了技术对比和鉴定，确定在拉斐尔脚旁那只蹦跳欢快的小狗和那条鳞光闪闪的鱼是出自莱奥纳多之手（见彩图2）。在芬奇镇长大的莱奥纳多，山丘和小溪是他童年最美好的记忆，他对自然景观陶醉痴迷，孜孜不倦地研究每一个细节，这些经历显然在这个时候派上了用场。闪闪发光的狗毛和细小的鱼鳞等细节成为这幅画作的亮点，有很强的视觉冲击力。莱奥纳多参与创作的这幅画，既显示了他展现光影的技能已日臻成熟，更显现了他对大自然的惊人观察力和捕捉细节的天赋——这种与生俱来的能力，是他迈向世界顶级艺术家的重要台阶。

《托比亚斯和天使》是1470年完成的。此时，莱奥纳多的绘画和构图技巧已让老师安德里亚备感惊讶。当然，这只是初露端倪，在安德里亚工作室短短4年，安德里亚已敏锐意识到莱奥纳多超越自己只是时间问题，于是，他给了这位年轻的天才学徒更多的活计，力图让他成为自己的得力帮手。

两年后，他出师了，成了专业画家。

好事成双，在即将结束学徒生涯的重要时刻，又一喜事降临。1472年7月1日，莱奥纳多收到了佛罗伦萨职业画家行会“圣路加社”的邀请——这是文艺复兴时期最有分量、最具权威的艺术家专业组织。会员证上，“莱奥纳多·达·芬奇”名字后面注明的头衔是“画家”。他为此支付了32块金币的会员费，日后证明，这是一笔高回报的投资，为他带来了丰厚的收益。

趣闻

委托某艺术工作室完成一幅作品，作品中一定会有些是出自学徒或见习生之手，这都是心照不宣的。因此，客户与艺术工作室签订协议时会注明该画作中大师和学徒完成的比例，以确保物有所值。如果你坚持这幅画作必须100%由大师完成，则意味着你需要支付更多的钱。

“圣路加社”已有一个世纪的历史，在当时并非真正意义上的行会，更像一个互助的俱乐部或者兄弟会之类的组织。在既有的行会体系中，艺术家们归属于医生和药剂师行会，“圣路加社”的成立可以说是艺术家们为自己争取到了独立的社会地位。获得“圣路加社”会员资格，使得年仅20岁的莱奥纳多一下跃升到与师傅安德里亚同等的级别，与他处于平等的地位——莱奥纳多与安德里亚·韦罗基奥居然是同一天被授予会员资格的，师徒二人同时加入了“圣路加社”！其他的会员还有桑德罗·波提切利、彼得罗·佩鲁吉诺等人。这天是莱奥纳多的吉日，意味着莱奥纳多与其他学徒们从此便有了天壤之别，尽管他仍在安德里亚工作室当学徒。虽然这也不意味着他可以与师傅安德里亚·韦罗基奥相提并论，但是跑腿打杂、做苦力的日子一去不复返了。从理论上说，莱奥纳多完全可以不受老师安德里亚·韦罗基奥的束缚，可以独树一帜、放手一搏，在作品中彰显自己独特的艺术风格了。

事实亦如此，加入“圣路加社”一年后，他独立创作的作品问世了。

于是，就有了这一幕——1473 年，莱奥纳多坐在托斯卡纳的山坡上，独立完成了他第一幅完整的画作的构图。令人遗憾的是，我们迄今为止对这幅被称为《持康乃馨的圣母》的重要作品的背景知之甚少，只能从一些细枝末节的小事中来拼凑甚至想象了。

安德里亚工作室经常接到一些有关圣母玛利亚题材的订单，其中有不少是圣母怀抱婴儿耶稣的小型画像或是雕塑，这些订单大多来自家境殷实的人家或是宗教团体，主要用来供奉和祭祀祈祷。与莱奥纳多同为学徒的洛伦佐·克列迪忙于此类题材的绘画已一年多了，他比莱奥纳多小 7 岁，是金银雕镂工的儿子，进入安德里亚工作室后受到师傅的巨大影响，比任何人都更能领会师傅的技艺。这种圣母题材的绘画作品被称为“灵修”，是在两英尺（1 英尺约为 30.48 厘米）高、一英尺半宽的小木板上完成的。

价值连城的《持康乃馨的圣母》当时是谁下的订单呢？现在已无从考证了，但从安德里亚·韦罗基奥能够把这件活计交给莱奥纳多来看，足以证明莱奥纳多的能力和水平及师傅对他的信任。与《托比亚斯和天使》如出一辙，在这件小小的灵修中，最能体现莱奥纳多个人风格的就是圣母玛利亚身后窗外的风景——莱奥纳多熟练地描绘了连绵起伏、巍然耸立的山峰景色。

《持康乃馨的圣母》是体现莱奥纳多艺术风格的标志性作品——其对人物形象逼真描绘的程度将同时代的画家远远甩在身后。我们把洛伦佐·克列迪的圣母绘画中同一场景的作品拿来进行一下比较。

我们先评论一下洛伦佐·克列迪的作品吧。如彩图 3 所示，婴儿耶稣居然是站立在圣母玛利亚腿上的——显然，这不符合常识，不是一个刚出生的婴儿力所能及的；再者，婴儿耶稣的形象僵硬、表情尴尬，像是一个缩小版的成年人，毫无婴儿应有的活泼可爱的形态。

再看看莱奥纳多的作品——一个胖嘟嘟、活泼可爱的圣婴耶稣坐在圣母的腿上，画中人物神情和服装细节刻画得十分逼真，无一不体现莱奥纳多的艺术风格（见彩图4）。画面的焦点是刚出生的耶稣对圣母手中康乃馨的反应。被圣母抱在怀里的圣婴，伸出手想去抓圣母手中的红色康乃馨。生活常识告诉我们，婴儿对周围一切事物都会好奇，会在妈妈身上不停扭动，伸手抓取东西，因此，妈妈身上的珠宝或服饰配件之类，但凡他触手可及的东西都有吸引他注意力的可能。莱奥纳多不仅刻画了婴儿的活动状态，而且用造型、光线和阴影营造出逼真的立体感。可以说，他在艺术创作的早期就已经受益于解剖学观察。在莱奥纳多的绘画职业生涯中，“人”的形态（包括表情、动作）的逼真是他自始至终、孜孜不倦追求的，无论是花费大量时间画素描、写生或绘制现实生活模型，还是严谨地做人体解剖的研究等，他都竭尽全力“呈现一个完美的人体”。

艰难的起步

完成《持康乃馨的圣母》四年后，莱奥纳多决定开启人生新篇章——他准备离开安德里亚工作室，自立门户，开设属于他本人的艺术工作室（作坊）。他已经25岁了，大部分的学徒到了这个年龄都会离开师傅，自立门户，而莱奥纳多仍然留在师傅的身边，仍然在画着圣母像的部分图景。这样的工作根本无法显现出他的艺术天才和个性——时间飞快流逝，丰满的理想开始变得骨感起来。他不是一个爱冲动、不懂自我控制的人，回顾在安德里亚工作室的时光：韦罗基奥提倡认真研究数学、透视及解剖方面的科学知识，用精细的绘画手法清晰地表现画中人物；莱奥纳多作为学徒也好，作为艺术助理也罢，耳濡目染，刻苦钻研，打下了扎实的艺术功底，感受到了人文主义的思想。他不仅学习了素描、油画和雕刻，还涉猎了科学研究。现在，莱奥纳多如同一只展开翅膀的鸟儿，需要冲上广袤的天空：他有了单独署名的绘画作品（包括《持康乃馨的圣母》），有着文艺复兴时期丰富的艺术实践经验；更重要的是，他通过安德里亚工作室结识了一批达官贵人和商界精英，包括像洛伦佐·美第奇这样位高权重的显贵，莱奥纳多为能够经常出入上流社会而自豪；还有，他不再是安德里亚工作室运营中必不可少的人了，至少洛伦佐·克列迪在绘画方面可以取代他，他可以毫无内疚地脱身。

这一切都在激励着他，他认为，可以出发了！

然而，他并没有走远。他在安德里亚工作室附近的街区开设了他自己的工作室（作坊）——毕竟，经济条件不允许他远离师傅。

迈出独立谋生的第一步，这是莱奥纳多生活的转折点，一位天才艺术家从此跻身于佛罗伦萨人才济济、竞争激烈的艺术品市场，他必须围绕自己的事业开始打拼，他不是自己的学徒，而是自己的老板。有史学家认为一位名叫保罗的年轻人算是他最早的徒弟，不幸的是保罗在莱奥纳多工作室只有短暂的时光，这位年轻人被佛罗伦萨当局认为有“重大的阴暗事件”而陷入困境，不得不迅速离开。对于莱奥纳多来说，保罗的离开有助于他摆脱负面影响和舆论风波，但他仍然在结交一些怪异人士，甚至作坊开张后还把某些人请来作为助手，与他们交朋友。

保罗的离开，让莱奥纳多生活有了短暂的平静，但在业务上并没有任何起色。1478 年 1 月，他作为独立画家接受了生平的第一份委托——为维奇奥宫（Palazzo Vecchio）的圣贝尔纳礼拜堂画一幅祭坛装饰油画。这是一份来自政府的订单，维奇奥宫即佛罗伦萨市政厅的所在地。据说这个项目曾经委托过另一位艺术家，不知何故被拒绝了。在决定转交给莱奥纳多时，为稳妥起见，政府预支给他一笔数额可观的定金。对于一名刚刚创业的年轻画家来说，订单意味着事业起步，可观的定金意味着旱涝保收，衣食无忧。这份订单不仅让莱奥纳多工作室开张大吉，还能给他带来良好的声誉和光环。简直是天上掉下的馅饼啊！

可惜，没有证据表明莱奥纳多完成了这个项目。

收了定金以后，这份订单就如石沉大海，杳无音信。

不错！在安德里亚工作室，他显现了天才艺术家的禀赋，掌握了成为世界级画家的技能，拥有了画家行会会员头衔，然而，他也有其他艺术家的通病——声名鹊起，名头很大，定金照收却不按期交活儿——我们完全有理由相信，他甚至压根儿就没有动笔！

超级天才莱奥纳多，职业道德很糟糕。

刺杀

在他与维奇奥宫的讨价还价尚未结束之时，一场重大的政治骚乱袭击了佛罗伦萨，莱奥纳多目睹了文艺复兴时期意大利的这场引发社会动荡的政治风波。

皮耶罗·美第奇于 1469 年 12 月去世后，他的儿子洛伦佐·美第奇接管了家族企业，掌管了佛罗伦萨的实际权力，成为领导人。当时，意大利面临混乱的政治形势，年轻的洛伦佐行事小心翼翼，挫败了多起试图推翻美第奇家族的图谋。为了更好地控制政府，他进行了政府机构改革，重整了家族事务，整顿了银行系统及在里昂、威尼斯和那不勒斯的分支机构。

美第奇家族一直是罗马教皇的钱袋子和提款机，多年来，源源不断地向罗马教皇提供资金援助。当教皇西克斯图斯四世要求洛伦佐提供一笔巨款以资助他的侄子时，遭到了洛伦佐的断然拒绝。于是，他们的关系很快变得糟糕。教皇一怒之下，把金融管理权和明矾（当时染布的必需品）垄断权从美第奇家族手中夺了过来，交给其竞争对手——佛罗伦萨的另一个银行家族——帕兹家族。

帕兹家族得到了罗马教皇和锡耶纳的大力支持，于是野心膨胀，有恃无恐。他们联络了另外几派势力，决定实施一场暗杀行动，干掉洛伦佐·美第奇，夺取美第奇家族在佛罗伦萨的权力。

1478 年 4 月 26 日，洛伦佐·美第奇和他弟弟朱利亚诺（Giuliano）在教堂参加复活节弥撒时，遭到了假扮牧师的刺客的追杀。刺客从长袍中抽出长剑，猛然向朱利亚诺刺去。朱利亚诺倒下后，刺客又踩着他的尸体扑向洛伦佐本人。突如其来的刺杀让教堂秩序顿时一片混乱，洛伦佐奋力抵抗，冲出人群，躲进了一个安全的地方，最后在一干人的保护下逃离教堂回到了宫殿。

杀死了朱利亚诺，阴谋者认为大功告成，于是组织一帮人在佛罗伦萨街头大喊大叫："自由啦！""美第奇家族被推翻了！”他们以为市民们会跟着起哄，一起欢呼。

洛伦佐·美第奇掌权以来在佛罗伦萨所做的一切，赢得了佛罗伦萨市民的尊敬，巩固了他在市民心中的地位，他为佛罗伦萨市民谋福祉的善举此时得到了回报——当洛伦佐·美第奇本人安然无恙地出现在市民面前时，整座城市欢呼雀跃。市民们不但没有反对他们的统治者，反而一致讨伐阴谋活动分子，他们高喊着口号追捕着如过街老鼠一般的反叛者。大追捕接踵而至，随后是长达一年的公开处决，树上吊满了用铁丝捆住手脚的尸体，佛罗伦萨政府残酷镇压了这次阴谋活动。

莱奥纳多作为围观群众也目睹了处决场景。

杀害朱利亚诺的刺客名叫贝尔纳多·迪·巴龙切利，他竟然成功逃到土耳其，躲进了君士坦丁堡。在他自鸣得意，以为平安无事、高枕无忧之时，洛伦佐不惜一切代价利诱土耳其苏丹，成功将巴龙切利引渡回国了。

1479 年 12 月，贝尔纳多·巴龙切利被绞死。

莱奥纳多获准进入行刑场围观，他在素描本上准确地画出当时的场景——绞死的巴龙切利尸体被挂在窗外

（彩图 5）。

佛罗伦萨和罗马教廷彻底撕破脸，洛伦佐·美第奇和教皇开战了。这次暗杀事件及随之而来的战争，远比莱奥纳多笔记本中的简单草图更为重要、更为复杂。在惊心动魄的暗杀行动平静后不久，米兰的年轻公爵卢多维科·斯福尔扎（Ludovico Sforza）访问佛罗伦萨，他对洛伦佐·美第奇的兄弟朱利亚诺的遇难表达深切哀悼，表示愿在即将到来的战争中提供一切援助。卢多维科·斯福尔扎的来访如同在佛罗伦萨和米兰之间架起一座桥梁，便于莱奥纳多日后穿梭游走于这两座伟大的城市，去实现他的人生梦想。

命运的洪流不可阻挡，它裹挟着莱奥纳多进一步向前。

第五章

新的起点

意大利是经历过风浪的

25 岁就自立门户当老板，开设自己的艺术工作室，有了学徒——莱奥纳多开启了他所期盼的与师傅安德里亚·韦罗基奥同样的幸福生活模式，不仅如此，他很快获得了来自市政厅的订单，甚至还有一大笔预付金进账——这种神操作，令他的作坊有了惊人的、了不起的起步。倘若沿着这条路线继续往前，成就梦想应该指日可待。难道师傅安德里亚·韦罗基奥只教给他如何画画，没有教他经营一家公司的秘笈吗？在一个竞争激烈、需要依赖良好声誉才能立足的行业，莱奥纳多随意爽约、不负责任的做法，让自己的处境瞬间变得尴尬和困顿。

值得庆幸的是，尽管肆虐欧洲的瘟疫再次袭击佛罗伦萨，尽管帕兹阴谋引起的社会动荡尚未平息，这位年轻艺术家在本年度内仍然获得了几笔进账，而且，他得到了一个更重要的订单——绘制吉内薇拉·班琪（Ginevra de Benci）的肖像画。

吉内薇拉·班琪是佛罗伦萨一位身份显赫的银行家的女儿，仰慕者众多，拜倒在她石榴裙下的权贵大有其人，包括美第奇家族伟大的洛伦佐·美第奇。这份订单来自于威尼斯驻佛罗伦萨大使、诗人和人文主义者贝尔纳多·本博（Bernardo Bembo），相传他与吉内薇拉·班琪有一段“柏拉图式的恋情”，这幅肖像画可能是她结婚时委托的。早期的传记作家、评论家们认为，这幅肖像画是莱奥纳多最早的非宗教题材作品，画得“如此完美，似乎不像是油画，而是吉内薇拉本人”。

如果你有足够的时间观察《吉内薇拉·班琪》，你会发现她右嘴角的一丝微笑在后来的几十年中被升华为世界上最令人难忘的笑容，并在《蒙娜丽莎》这幅伟大的作品中达到巅峰。可以说，《吉内薇拉·班琪》预示着《蒙娜丽莎》这幅伟大的杰作已经徘徊在地平线上，数年之后必将喷薄而出。

《吉内薇拉·班琪》能够顺利完工，或许给声名狼藉的莱奥纳多的声誉带来了些许积极的影响——至少提供了一个样本，证明他具有能力把大脑中构思的美用画笔淋漓尽致地表现出来。半途而废、放弃继续创作的行为，只是说明他在追求一种完美的境界——当大脑描绘的场景与画笔实际描绘的场景相悖时，当他的手无法完美呈现头脑中的想象时，他就会立刻中途辍笔，甚至弃之如敝履！对莱奥纳多而言，作品的结果及是否履行诺言并不重要，如何达到最完美的境界才是最有意义的事情。

莱奥纳多的“未完成”一直让史学家们很困惑，也加深了他的神秘感。应该说，他不是没有成功的机会，只是在苛求自己，不断否认自己！

你会发现，莱奥纳多工作室的商业前景变得令人堪忧。如果他的声誉不能源源不断带来订单，他就不得不寻找其他方式养活自己。他在安德里亚工作室的学徒生涯中所学到的任何一门手艺，都需要有订单，需要有了解他的人、理解他的人来买单。意大利文艺复兴时期，人脉资源对于事业成功的重要作用——不是你应该知道，而是你必须知道的，人脉决定了你未来一切——这种状况沿袭至今。

或许，你会认为莱奥纳多在职业生涯初始阶段过于懒惰，但你不会否认他的大脑一直非常勤劳，根本没有闲着。

新朋友、新视野

在安德里亚工作室的 11 年，莱奥纳多接触并结识了一批文艺复兴时期最耀眼的明星，其中不乏优秀的画家、雕塑家、音乐家、诗人和哲学家等，他们都是历史学家们抓住不放的名字。年轻的莱奥纳多热衷于与这些人文主义者交往，经常聚在一起娱乐畅饮，毫无障碍。现在，他更是如鱼得水，可以把自己的工作室当作平台继续扩展他的人脉网——就像师傅安德里亚·韦罗基奥那样。

很快，他越来越多地融入了佛罗伦萨艺术圈，逐渐接近了权力中心——洛伦佐·美第奇家族。

莱奥纳多的心思并没有花在获得订单，然后完成，

一家之言

佛罗伦萨是拥有美女、美酒和盛大狂欢的快乐天堂，又是充满尔虞我诈和血腥杀戮的阴暗地狱。1532 年出版的《佛罗伦萨史和意大利事件》一书中，尼可罗·马基亚维利描述了帕兹阴谋败露后社会剧烈动荡、疯狂追捕和残酷杀戮的场景：

整个城市杀红了眼……美第奇的名字还有插着长矛的尸体随处可见，人们对帕兹无比愤怒，残忍地处死他的同谋。市民攻占了他们的房屋，弗朗切斯科（一个同谋）……被带到宫殿勒死并吊在树上……

然后再获得、再完成这样的循环往复上，而是把时间投入到结识有真知灼见的思想家——这是一种“时代精神”。我们在笔记本中发现，他明确写着想认识的五个人的名字，这五个人中除了一名是画家外，其余是自然科学或哲学方面的学者。最重要的人物是工程师和数学家卡尔罗·马尔莫奇（Carlo Marmocchi, 一位为佛罗伦萨领主服务的数学家）。莱奥纳多和马尔莫奇是否有着密切接触我们无从得知，但可以肯定，他从这个男人的睿智中获益匪浅。

天生对工程技术有浓郁兴趣的莱奥纳多，他的富有魅力的机械装置或许就是受了这位工程师的影响。在他笔记本里第一个出现的奇妙机械装置设计画面正是在这个时间段，他花数小时设计的机械装置可以举起重物并且移动到他处，除此之外还有其他多种用途。

虽不能断定他与工程师马尔莫奇是否有密切联系，但与安东尼奥·卡米利（Antonio Cammell）的密切交往则是毋庸置疑的。安东尼奥·卡米利是当时意大利诗坛颇有名气的诗人，被称为“皮斯托亚人”（“Il Pistoiese”或“The Pistoan”，皮斯托亚是意大利中北部城市，临近佛罗伦萨）。他讨厌花里胡哨、晦涩难懂的语言，而是喜欢在诗歌中夹杂大量的俚语，以滑稽搞笑的方式出现（不是歌剧院中无聊的唱段），堪比周末酒吧夜场的恶俗段子。

卡米利的诗歌给文艺复兴的意大利诗坛吹进一股新风。

莱奥纳多在17世纪70年代后期邂逅了中年男子安东

尼奥·卡米利。

诗人同样需要扩展人脉关系，同样需要富人和权贵赞助，于是，怀着相同心思的两人在社交圈中相遇了。

仿佛酒逢知己、相见恨晚，卡米利式的滑稽与莱奥纳多式的幽默一拍即合，两人见面就擦出了火花。

之前，莱奥纳多从未关心诗歌，遇到卡米利后，在他的笔记本上突然出现了一段段的小诗，有几页显然是卡米利专门为莱奥纳多而写的，甚至有一首 1479 年专门写给莱奥纳多本人的赞美诗，以此证明他们亲密无间的知音情结。遗憾的是，我们现在已无从知晓这位滑稽诗人究竟是怎样赞美莱奥纳多的——这一首短诗被后来的墨迹所遮盖。

这就是莱奥纳多职业生涯最初几年的人脉关系网——科学家、工程师、诗人和艺术家——一群学有专长、不拘一格的朋友！对于年轻的莱奥纳多而言，每结识一位朋友都如同建立一个新的知识库，为他学习知识提供了一个机会。如渴望了解某方面知识，他就努力去结识这方面的朋友。莱奥纳多对待新知识，有着不竭的好奇心和从不衰减的内驱力，为此付出代价也在所不惜——毕竟维持他生计的是绘画和制作艺术品，不是写诗和画一些稀奇古怪的机器草图。他所幻想的飞行器、机械装置等，无一不令他付出时间和金钱甚至声誉的成本。

尽管如此，莱奥纳多对编织这种人脉关系网仍是乐此不疲，甚至拟出了对职业发展起重要作用的人物名单。很快，他发现在这些不可或缺的人际交往活动中，新结识的朋友们都不可抗拒地向着一个中心聚集，如同一群飞蛾围着一盏灯飞来绕去一样，他们都被这座城市的一位伟大人物所吸引——洛伦佐·美第奇。

莱奥纳多终于明白，他要做的就是：找到一条有效路径进入洛伦佐·美第奇圈子——那里有他需要的一切，包括金钱和荣誉。

莱奥纳多与洛伦佐·美第奇

尽管莱奥纳多在安德里亚工作室当学徒时荣幸地见过伟大的洛伦佐·美第奇，但作为工作室中的一名打工仔，这种卑微到尘埃的身份根本不可能引起洛伦佐·美第

趣闻

“未完成”简直是莱奥纳多的魔咒。闻名于世的《荒野中的圣杰罗姆》是莱奥纳多众多半途而废作品中的一幅。这幅“未完成”作品十分神奇，史学家们无法考证确切的创作日期（1480 年还是 1481 年？）也不知是何人所订。据说是 19 世纪初，法国皇帝拿破仑一世的舅舅约瑟夫·费什意外发现的。一天，拿破仑一世的舅舅红衣主教在罗马街头闲逛时走进了一家古玩店，他在昏暗的光线中看到一个小木柜，顿时眼睛一亮，觉得这扇柜门绝对非同凡响，于是仔细察看。果然，他认出了这扇小柜门竟然是文艺复兴时期的杰作《荒野中的圣杰罗姆》，只是因为不适合柜门的尺寸，木板油画被截去了一块。多年来，这块被截断的世界名画一直被当作小柜门使用！费歇果断拿下，急切询问缺失部分的下落。为了找到它的另一半，费歇苦苦寻找了几个月，终于在一个鞋匠的家里找到了——当时正被当作桌面使用。

奇的注意，摄政王的目光或许都没有瞥他一眼。直到莱奥纳多在 1478 年或 1479 年承接《吉内薇拉·班琪》项目之后，一切才变得皆有可能——洛伦佐·美第奇本人有着与

一家之言

红衣大主教毕别纳（Bibbiena）把安东尼奥·卡米利的诗歌概括为“笑话、盐和蜂蜜”。

这是卡米利诗歌摘录，以此体会一下他的风格：

So take a good look at me all who wish: how ugly a man looks when he has no money.

那些做梦的人好好看看我吧：
一个穷困的人看起来多么恶心。

好吧，我并不认为他这些称为“诗”的东西真的有诗意。不过转念一想，生活在战争、瘟疫和贫穷中的安东尼奥·卡米利，他的诗风能在一些人群中产生共鸣也不足为奇。安东尼奥·卡米利后来的诗歌对这些问题则表现出乐观态度：

Don't despise me because I'm poor: a man is poor when he desires many thing.

别因为我穷就瞧不起我，
充满欲求的人总是穷的。

作家、哲学家和艺术家们交往的嗜好，《吉内薇拉·班琪》或许能吸引他的眼球，得到他的青睐，能够让莱奥纳多崭露头角吧？

至少，莱奥纳多当时是这么想的。

短短几年的自由画家生涯让他尝到自食其力的艰辛，也感受到了创业的不易——独立支撑一个工作室，不仅需要管理财务和成本，还需要四处寻求订单，要看客户的脸色。一些熬不下去的同行们，往往改为制作一些小工艺品或是画几张时髦的装饰小画，在路边摆个小摊向行人兜售。莱奥纳多鄙视这种做法，认为这绝非取之有道的君子行为，突破了职业画家的底线，他绝不会这么做。不过，民以食为天，一旦“无米下锅”“家无隔夜粮”了，估计他最先吃下的就是那不为五斗米折腰的“清高”吧。

我们来看看莱奥纳多工作室收益的来源吧。获取订单，完成后获得报酬是主要营收模式，但并不稳定——每当等米下锅时，这笔钱总是躲躲闪闪、难以到账。而且，如同在餐厅用餐一样，买单总是在吃完饭之后，客户鲜有事先付款的。加之还有可恶的分期付款——根据画作的完成阶段和进展程度来支付款项，大额部分都作为尾款，直到画作最终交付时才付清，甚至有时不付现金，而用土特产或其他商品来抵付。

可以断言，文艺复兴时期的艺术家们是不可能有铁饭碗的，更不会有保底的月薪。于是，有才华的艺术家们都会竭尽全力去寻找像洛伦佐·美第奇这样强大且富有的人物，获得他们的关注和青睐，最终得到赞助。正因为有许多“洛伦佐·美第奇”式的权贵的存在，才让艺术家们的天才作品能够“保留住”。大赞助商们对艺术家的作品通常不会按件付酬，一定是按时支付一定数额的工资，解除他们生活的后顾之忧。作为回报，艺术家则必须严格按照出资方的意图创作并如期完成项目。

这就是莱奥纳多迫不及待想进入洛伦佐·美第奇圈子的根本原因。

帕兹阴谋被挫败后，教皇西克斯图斯四世与美第奇家族的矛盾出现缓和的迹象。彼时，西克斯图斯四世在罗马新建造了一座美丽的教堂，迫切需要高水平的艺术家去装饰它。于是，他提出了一项请求——请洛伦佐·美第奇安排佛罗伦萨最好的艺术家到罗马西斯廷教堂去。

把画家冠上“艺术大使”的头衔派遣到邻近的各国，是洛伦佐·美第奇的一贯做法，他乐此不疲。毕竟艺术品是佛罗伦萨最富有价值的出口产品，是他扩大影响力的极好机会，况且，也可借此炫耀自己的艺术鉴赏水平。于是，艺术家成为一种外交礼物或者是结盟联谊的手段而被频频送给邻国统治者——比如派遣御用雕塑师安德里亚·韦罗基奥到皮斯托亚为统治者建造纪念碑、将著名建筑师朱利亚诺·达·迈亚诺长期借给那不勒斯国王等，莫不如此。

但是，教皇想要一块更大的馅饼。

罗马是一座充满激情的城市，是一座正在大兴土木、每年都有新建筑出现的大工地。

洛伦佐·美第奇会派谁去呢？

对于被选中的艺术家而言，绝对是扬名立万的天赐良机；而对于有心结交教皇的洛伦佐·美第奇来说，如果人选得当，也是巩固他与教皇——一个三年前曾密谋杀死他的人的关系的极好机会。

他需要做出理智的选择！

令人遗憾的是，莱奥纳多与这个千载难逢的机会失之交臂。他不佳的声誉和遭人诟病的职业道德，使他在机遇面前束手无策——洛伦佐·美第奇绝无可能委派一位从未完成画作的人去执行这个重要任务。当满怀希望的莱奥纳多看到他的大部分伙伴——波提切利、西诺雷利、佩鲁吉诺等兴高采烈地出发去永恒之城罗马——而自己只能在一旁送行时，可以想象他的内心是如何屈辱和怨恼。

沮丧至极。

最后的稻草

这件事仿佛给莱奥纳多传达了一个信号——洛伦佐·美第奇并不是他成功的门票。

吊诡的是，洛伦佐·美第奇却给这位艺术家安排了另一个项目——在他的圣马克广场花园修复破旧的雕像——似乎想借此补偿一下自己无视莱奥纳多的举动。

这个项目能够给莱奥纳多带来支票，但带不来声望和荣誉。

一家之言

莱奥纳多去世不久，艺术史学家和传记作家乔尔乔·瓦萨里说："艺术家们眼下的努力更多是为了果腹，是为了活下去，赢得名声和荣誉是其次的，这种生存压力抑制了他们的才华，掩盖了他们的荣誉。"而一位来自锡耶纳的艺术家在1488年写道："我们的艺术成果确实微不足道，因为产出很少，收入很少。"

佛罗伦萨艺术界的后起之秀莱奥纳多，现在是位雕像修理工。莱奥纳多的困顿与落寞并没有因此得到改善，生存境况仿佛越来越糟，更可怕的是他对前途感到绝望，忐忑不安随着年龄与日俱增。他开始四处求人——哪怕明知不可能给予帮助的人。

他决定去找生身父亲塞尔·皮耶罗。

塞尔·皮耶罗复制了通过商业人脉为儿子谋到在安德里亚门下当学徒的模式，很快为儿子找到了一个潜在的客户。

他想为挽救这个年轻人的不良声誉而尽一份力，但他却为自己揽了一个大麻烦。

在塞尔·皮耶罗的客户中，有座名为圣多纳托（San Donato）的修道院。

这座位于佛罗伦萨近郊斯科佩托（Scopeto）的修道院将委托莱奥纳多绘制一幅《圣经》场景的木版油画作为主祭坛后的装饰屏。但是，这份委托协议却附加了离奇的条款。首先，合同中设置了截止期条款，莱奥纳多必须根据协议要求“在二十四个月内或最多三十个月内完成这幅装饰屏；如果不能按期完成，他必须放弃之前所做的一切，圣多纳托修道院有权使用已经完成的部分用于修道院的其他用途”。显然，这是莱奥纳多“不履约”“未完成”臭名远扬的恶果；其次，付款方式也离谱——修道院在这项生意中不向莱奥纳多支付现金，而是将乡村的一块土地作为报酬支付。

用不动产来支付报酬？听起来不错啊。

完全不是！

这块土地是一位名叫西蒙尼的商人捐赠给修道院的，

他的捐赠条件是：在土地变现时需要支付西蒙尼的女儿一份酬金，作为他自己给女儿的嫁妆。而修道院与莱奥纳多的协议却明确约定，莱奥纳多只能得到三分之一产权，三年中不可转让，修道院随时可用300金弗罗林赎回，而且西蒙尼女儿的150金弗罗林必须由莱奥纳多支付，创作这幅画所需的颜料及用品也均由他本人自理。

莱奥纳多发现自己进退维谷——支付了150金弗罗林，还要承担一切成本，收益所剩无几。但他别无选择，只好接受协议上的每一项条款。

或许他根本没有细看这些条款，事实上，他知道自己不会履约。

他恍然大悟：佛罗伦萨城墙外的世界应该更为广阔，命运之神仿佛在远处招手。于是，他萌生去意，他要离开这座曾经挥洒过青春汗水的城市，去寻求属于自己的机遇。

新的征程

迄今为止，莱奥纳多的人生轨迹都是在佛罗伦萨和他度过童年时光的乡村——这个大约 100 平方英里（1 平方英里约为 2.59 平方千米）的区域内。1477 年，他因独立创业而离开了师傅安德里亚·韦罗基奥，但并不意味着他要离开这座城市——毕竟佛罗伦萨是文艺复兴时期的中心城市，也是专业画家作品交易的最佳场所，至少他从未想过几年内会离开。然而，到了 1481 年秋，在失望与焦虑的交织中，而立之年的莱奥纳多似乎山穷水尽疑无路了——韶华转眼即逝，他没有代表作，为人所知的艺术成就寥寥可数，独立工作室运营五年已经勉为其难，如同负重前行在一条崎岖小路上，完全看不清前方的线条或轮廓。他不想日复一日地苟活，让生命一点点被消耗掉。他曾寄希望于洛伦佐·美第奇，这位伟大的人物举手之劳就可以让他一鸣惊人，让他出人头地，成就伟业。然而，洛伦佐·美第奇的目光却根本不会停留在他身上，在圣马克广场修复破旧雕像的工作，非但不是对他的一种补偿，倒像是往伤口上撒了一把盐。

柳暗花明又一村

挫败帕兹的谋杀阴谋之后，佛罗伦萨与米兰的关系迅速升温，交往日益频繁，就像此时洛伦佐·美第奇与教皇西克斯图斯四世的关系一样，日新月异。

洛伦佐·美第奇的当务之急是巩固与米兰摄政王卢多维科·斯福尔扎公爵的友情，在城邦间的敌对与联盟的旋涡中占据有利位置。于是，他再次使出他睦邻的外交手腕——派艺术大使到米兰。

莱奥纳多必须不惜代价、不择手段，力争得到艺术大使代表团的一席之地。机遇稍纵即逝，再不能与之擦肩而过了。

真的，机不可失。

他决定抛掉画家身份，避开同行之间的竞争——实践证明在画家圈子争抢纯属徒劳，洛伦佐·美第奇已经明确表示他不认为莱奥纳多是成熟的画家。

这次，他将作为一名民间音乐家的形象出现。

莱奥纳多是音乐家？不会搞错吧？

不用大惊小怪，事实并不那么离谱。莱奥纳多自幼就显出极高的音乐天赋，不仅歌唱得好，还会演奏多种乐器，包括里拉琴（一种早期的小提琴），他的音乐特长是毋庸置疑的。独特之处在于，19世纪70年代后期，莱奥纳多发明了一款样式古怪的七弦琴，它状如马首，琴身一部分用银雕镂而成，而且“低音饱满、高音嘹亮、和声强劲”——这个新奇的玩意儿吸引了洛伦佐·美第奇的目光。

趣闻

莱奥纳多全力投入了圣多纳托修道院的大型油画创作，这幅画就是被后世称誉为“15世纪不可再生的伟大杰作”——《三博士来朝》。但是，温饱问题却一直困扰他，他不得不去打零工来维持生计——他给修道院的大时钟涂上蓝黄色，工钱只是换回两捆干柴；他希望从修道院借一些口粮，修士们却坚持要他支付现金；从沮丧、失望到绝望，以至于到了1481年秋他萌生去意。无可厚非，人总要吃饭吧？他离开佛罗伦萨一定是想拓宽视野、揽点别的什么活儿。

终于，莱奥纳多如愿以偿，以音乐家的身份加入了前往米兰的艺术家代表团行列——洛伦佐·美第奇想把这个珍奇的七弦琴送给卢多维科·斯福尔扎，他知道公爵是个“超级音乐迷”。

发现新世界

米兰毕竟不是佛罗伦萨。

几十年来，美第奇家族统治下的佛罗伦萨虽称不上国泰民安，但社会相对平稳安定；而米兰却不是这样，军事强人统治下的残酷高压和不停息的内战，使得这座拥有近十三万人口的城邦一直处于动荡和混乱之中。

在洛伦佐·美第奇的祖父科西莫（Cosimo）登上佛罗伦萨权力巅峰之际，米兰公爵的王权统治却走到尽头——1447 年，米兰公爵菲利波·马里亚·维斯孔蒂去世，因没有男性继承人，宫廷权力出现真空。

于是，末代皇帝（公爵）的女婿通过颠覆和背叛控制了这座城邦。他的名字叫弗朗切斯科·斯福尔扎。

“斯福尔扎”（Sforza）在意大利语中是“强大”“强壮”的意思，这个名字和弗朗切斯科本人倒是非常匹配。这位高大魁梧、器宇轩昂的米兰人曾是雇佣军的一名指挥官，他南征北战、雄心勃勃，此时已经控制了米兰公国的帕维亚和洛迪等几座城市，成为那个时代令人恐惧的军事首领。

而且，弗朗切斯科·斯福尔扎还把米兰公爵的女儿比安卡·马里亚·维斯孔蒂（Bianca Maria Visconti）搞到手了。当老公爵去世后，他再次出手，以与老公爵女儿的婚姻为名要求米兰尊重前统治者的血缘后裔，从而成功地自封为新公爵，最终攫取了米兰最高统治权。

长子加莱亚佐·马里亚·斯福尔扎（Galeazzo Maria Sforza）作为继承人登上权力的宝座。这是一个比他父亲更为专横暴虐、荒淫无耻的暴君，十年暴政加上他反复无常的粗暴性格，招致了众多的仇恨，结局必然是不得好死——1476年底在圣斯特凡大教堂被人捅死（就像帕兹几年后试图在佛罗伦萨的教堂干掉洛伦佐·美第奇一样）。

马里亚遇刺身亡后，其7岁的儿子吉安·加莱亚佐·斯福尔扎（Gian Galeazzo Sforza）承袭爵位。这位面色苍白、懦弱多病的儿皇帝，根本不可能控制米兰的政治局面，他的叔叔卢多维科·斯福尔扎开始暴露出政治野心，经过激烈的斗争，卢多维科·斯福尔扎从马里亚的遗孀博纳手中夺取了摄政权，成为最大的赢家。

卢多维科·斯福尔扎因孩提时代发肤黝黑而被昵称为“摩尔人”（Il Moro），1494年，他正式加冕自己为米兰大公。

莱奥纳多把赌注押在卢多维科·斯福尔扎公爵身上，他在这位年轻的公爵身上憧憬着远比时乖命蹇的现实生活更为美好的梦想。

于是，莱奥纳多，这位伟大的天才画家背着一把七弦琴，像民间歌手一样离开了他曾经奋斗过的城市——他希望往事如烟，随着他的离开而烟消云散。

米兰，真可谓柳暗花明又一村。

第六章

在米兰

1482 年 2 月，莱奥纳多再次置身于佛罗伦萨宏伟的城墙脚下——这次他是要离开。14 岁初来这座城市时，他就期待有朝一日离开，为此，他付出了极大的努力。但这一天真正来临时，他反倒愁肠百结，五味杂陈——此次一别可能不会再来。

离愁别绪被几个同车旅友一扫而光

佛罗伦萨到米兰的短短 188 英里路程的旅途出乎意料地欢快愉悦，博纳多 · 鲁切拉（Bernardo Rucella）和皮尔 · 弗朗切斯科 · 达 · 圣米尼亚托（Pier Francesco da San Miniato）是同车旅友中最引人注目的，不仅因为他们外交官员的身份，还有他们所肩负的使命——作为洛伦佐·美第奇的特使，他们要将洛伦佐·美第奇的信息亲口传递给卢多维科·斯福尔扎，还要把卢多维科·斯福尔扎的回复带回来——更因为这二人与那些不苟言笑、一脸傲慢的官员不同，他们爽朗诙谐、平和亲近，与莱奥纳多等一行人谈笑风生，相处得十分愉快。在他们面前，莱奥纳多很愿意也很习惯充当洗耳恭听、沉默寡言的角色。

这是陆续派往米兰的艺术大使代表团的一部分。

与莱奥纳多“音乐大使”身份相同的是阿塔兰特·米格利奥罗提（Atalante Migliorott）和托马索·乔万尼·马西尼（Tommaso di Giovanni Masini）。阿塔兰特比莱奥纳多年轻十岁，金发碧眼、英俊潇洒，简直是莱奥纳多心中的缪斯。托马索也有与阿塔兰特一样的高颜值，只是比阿塔兰特大几岁。

我是否说过托马索·乔万尼是个幽默的段子手?

哦，托马索其实是一个园丁之子，但他为自己的血统杜撰了一段离奇的故事——宣称自己是洛伦佐·美第奇姐夫的私生子。殊不知洛伦佐·美第奇的姐夫恰好就是在场的博纳多·鲁切拉大使！这是一个何等尴尬难堪的场面，简直太搞笑了。不！是让在场所有的人啼笑皆非。现在我们无法推测博纳多·鲁切拉大使是当场怒斥了这个离谱的谎言，抑或是毫不理会，一笑了之。但是我们可以想象旅行中的晚餐将是何等尴尬的场景！

在传记作家们的笔中，托马索仿佛幽灵一般存在——时而是独立工程师，时而又是莱奥纳多的朋友和助手，有时甚至像个算卦巫师。莱奥纳多在米兰的十几年生涯中，他到底是什么角色则语焉不详，无人知晓。反正和诗人安东尼奥·卡米利一样，托马索的幽默和恶搞与莱奥纳多似乎很投缘。在赴米兰途中，莱奥纳多和托马索互相讲了许多低俗的荤段子，这在莱奥纳多的笔记中可窥见一斑。莱奥纳多与猥琐诗人安东尼奥·卡米利及荤段子手托马索的交往，正好印证了“近朱者赤，近墨者黑”这句古训。

莱奥纳多和这群不拘小节、放荡不羁的人一起度过了赴米兰的旅途。他为潇洒的阿塔兰特画肖像，与托马索讲笑话，也乐见托马索和他的“生身父亲”博纳多·鲁切拉互相调侃逗乐。

活跃的气氛恰到好处地化解了莱奥纳多临行前的忧郁心绪。人生新的一页从此掀开，莱奥纳多充满斗志且又小心翼翼地踏上征途。尽管前途未卜，但他觉得与佛罗伦萨相比，米兰的生活一定会芝麻开花节节高。

圣·安布罗斯城

一行人穿过了宏伟的城门——一个用大理石雕塑描绘米兰光辉历史的建筑物——进入了米兰。此时，恰逢盛大的圣·安布罗斯节日庆典活动，城市的欢乐和喧嚣顿时扑面而来。

圣·安布罗斯（Ambrose · Saint）是米兰的大主教、著名的宗教领袖。这个宏大的庆典场景使得初来乍到的莱奥纳多一行有了宾至如归的错觉，看来，米兰与佛罗伦萨没什么不同呀！

其实，位于意大利北端伦巴第（Iombardy) 地区的米兰，城市风貌与佛罗伦萨完全不可同日而语。我们相信，人们只要穿过喧闹的庆典场景，立刻会感受到这两个城市的巨大差异。首先，城市体量大得多——人口近乎佛罗伦萨三倍之多的米兰是当时欧洲的一线大城市。其次，十里不同天，莱奥纳多想适应当地的方言和民俗尚且需要一段时日；更引人注目的是，佛罗伦萨已经结束了百年混战，而米兰仍处于内战之中——全民皆兵，斯福尔扎城堡固若金汤。这座城堡“宏伟壮观、坚不可摧……城堡占地半平方英里或更多，四周有护城河环绕，并且，巨大的城墙之下还有一个三英里长的环城绿化带”，当年一位目击者如是说。

作为“文化大使”的莱奥纳多一行，将前往这座宏伟的城堡，在金碧辉煌的宫殿里等待城邦主人卢多维科·斯福尔扎公爵的接见。

莱奥纳多渴望借此机会给这位君王留下深刻的印象。

成功的秘诀

莱奥纳多一直尝试从不断失败和受挫的经历中寻找一些有规律性的东西，即通常所说的“汲取教训”“吃一堑长一智”吧。他深知只有知己知彼方能百战不殆，因此在离开佛罗伦萨之前，他评估了自己的实力和亮点，对即将到来的打拼做了一些功课——米兰是一座由军事强权执政的城池，用武力夺取政权的铁腕人物时常面临叛乱的威胁，因此，城市周围筑有令人震撼的军事防御工事，况且，军事力量是能够帮助人得到权力并保卫权力的东西，从来都是统治者心中的重中之重，爵爷最需要的应该是军事工程师而不是艺术家。

显然，审时度势的莱奥纳多，找到了通往成功大门的钥匙，让自己的人生有了转机。

外交官博纳多·鲁切拉和皮尔·弗朗切斯科手中有洛伦佐·美第奇的外交信函，而莱奥纳多手里也同样有一封信函——自我推荐信，这封惊人的信函远超外交信函的内容，上面不仅附有莱奥纳多的简历，还列举了他的十几项技能。

这位艺术家希望博得卢多维科·斯福尔扎的青睐，让他从信函中发现一些能让自己留在米兰的理由。

让我们来分享一下这封信的部分内容：

最杰出的主人……我会全力以赴……现在，我谨向阁下献上我的秘笈，我可以遵照阁下的意愿做如下事情。

一、我有一个非常坚固而且易于携带的轻巧桥梁模型，通过它，您可以进退自如……追击敌军或是随时撤退。当然，它的优点不仅如此，从坚固程度说，我设计的这种桥梁还能耐火烧、抵御火药攻击，从轻巧角度来看，它能够迅速铺开和收起。我还有烧毁敌军的桥梁的方法。

二、我知道在围住敌城时如何抽干护城河的水，如何迅速造出可通过大批军队的桥梁、伸缩的云梯和其他攻城器械。

三、我还有非常实用且易于运输的投石炮模型。这些投石炮可以如雨点般地投射石块，密集的石块形成的尘雾足以令敌军恐慌，给敌军造成巨大伤亡和混乱。

四、对于海战，我还有许多无坚不摧的攻击武器，并且能够制造抵挡敌军最猛烈炮火、浓雾和炸药的战船。

以上所列并不是完整的清单，但所列的每项均一个比一个精彩。

我们知道莱奥纳多天生对机械和工程技术感兴趣，甚至也知道他曾画过一些巧妙的军事装置，更清楚他在安德里亚工作室积累了一些实操经验……但是，他如此信口开河、夸下海口究竟想达到什么目的？在耍什么花招？——动机不由让人生疑。

看来，他妄称自己具有军事工程专长、用心良苦把自己塑造成一位军事专家，是想以此来吸引最高统治者的目光，用统治当局最关注的军事作战力来博得关注，而不是用绘画技巧一类雕虫小技去分散爵爷的注意力。

我们再仔细往下看——在自荐信的末尾，狡猾的莱奥纳多仍是别有用心地埋下了伏笔，他漫不经心地提到：

我擅长大理石、青铜或陶泥雕塑；在绘画方面，我可以创作任何题材、任何风格的作品——无论是人物肖像或是风景静物等均毫不逊色；此外，如果青铜马雕像交由我来制作，将会成为令尊大人荣光永垂史册的象征，也会给斯福尔扎家族带来无上荣耀。

恐怕最后这几句，才是莱奥纳多内心真正渴望的东西。

卢多维科·斯福尔扎要给其父亲弗朗切斯科·斯福尔扎——这位米兰昔日的著名将军和公爵——制作一尊青铜马雕像一事，在整个亚平宁半岛早已家喻户晓、沸沸扬扬了。古罗马以来，皇帝或将军骑马凯旋的塑像一直是帝国艺术的巅峰之作，制作青铜马雕像不仅对雕塑家艺术水平是一次大考，对于设计师和整个制作工程更是一场考验——如果人和马的组合稍有偏差，整个雕像就会四分五裂甚至崩塌。

可以断定，卢多维科·斯福尔扎公爵一定会按照古代帝王雕像的样式为他父亲打造这尊青铜马雕像，而且，青铜马雕像的尺寸肯定会足够大，大得超过以前任何一尊雕塑，大得足以表达他对父亲和整个斯福尔扎家族统治的敬意！

可想而知，获得这份订单的艺术家必然将随之举世闻名。

莱奥纳多跃跃欲试。

给卢多维科·斯福尔扎呈上自荐信、写一些诱人的军事工程项目，这是莱奥纳多深思熟虑的第一步，在等待统治者垂青的同时，他把企图赢得全意大利最大的青铜马雕像订单的真实意图深深隐藏于心底，而这个夙愿与他在米兰的未来发展生死攸关。

倘若爵爷真的相信了莱奥纳多所言，让他去践行他的军事工程呢?

好吧，历史没有假设，想必莱奥纳多会一直装下去，直到他如愿以偿。

莱奥纳多和卢多维科·斯福尔扎

佛罗伦萨的文化外交官们抵达了斯福尔扎城堡。

爵爷的城堡气势宏伟、壁垒森严。一行人穿过阴暗高耸的城堡围墙，跨过弓箭手护卫的吊桥，通过古怪的主塔进入城堡内部。城堡占地辽阔，高耸的城墙、精致开阔的庄园、繁多的房间，米兰统治者斯福尔扎家族的奢华生活景象令来自佛罗伦萨的这群人叹为观止。

金碧辉煌、华丽壮观的宫殿大厅中央，最高领导人卢多维科·斯福尔扎公爵在侍从和卫兵的簇拥下，看着这群形象怪异的外国人走进来。

“摩尔人”卢多维科·斯福尔扎继承了家族魁梧健壮的基因，虽说身高如果再高一点就几近完美，但现有身高丝毫不影响他作为全民领袖的光辉形象。论权势，洛伦佐·美第奇与他简直不能相提并论。洛伦佐·美第奇在佛罗伦萨虽然说一不二，但大多是幕后摄政，力量制衡也是十分微妙。卢多维科在米兰却绝对是一言九鼎，独霸天下，其权势从下面这首民谣中可窥一斑：

天上一帝

世间一皇（公爵）

顺其者昌

逆其者亡

终于轮到莱奥纳多了。他向公爵献上精美的马首里拉琴，欢快的佛罗伦萨音乐立刻让“摩尔人”卢多维科·斯福尔扎着迷且陶醉了。不仅如此，这位音乐家还在壮丽的宫殿大厅朗诵了史上著名的演讲词和背诵了一首脍炙人口的诗句（希望不是来自他朋友卡米利的猥琐诗句）；在与佛罗伦萨精英人脉相处中练就的交际辞令和口才此时也正好派上用场，有传记作家评论说：“莱奥纳多不俗的谈吐给人留下极好的印象，他赢得了在场所有人的欢心。”

有史记载：“爵爷见识到了莱奥纳多滔滔不绝、口若悬河的口才，非常欣赏他的才华。”

这番表演完毕之后，莱奥纳多郑重地将他的自荐书呈给卢多维科·斯福尔扎。当然，在夸耀自己军事工程技能的同时，他不忘“顺便”表达一下可以承接青铜马雕像项目的意愿。

莱奥纳多当天的表现真是光彩照人。

成功的种子已经播下。现在，要做的就是等待它生根、发芽。

安顿下来

千里之行，始于足下。事实上，无论是施展莱奥纳多的工程师才能还是获得青铜马雕像订单，他要得到米兰宫廷的宠信还有很长的路要走。我们无法想象他在米兰的生活境况，只知道莱奥纳多并不打算沿用佛罗伦萨的老套路——独立开设一家作坊或是工作室。毕竟人生地不熟，何苦自己独立承担经营风险和压力呢？既然初战告捷搞定了宫廷，莱奥纳多完全可以凭借爵爷的势力，找一家有实力的艺术工作室进行合作。

普雷迪斯兄弟工作室进入了他的视野。

没有资料告诉我们莱奥纳多是怎样认识他们的，又是怎样与他们合作的。但我们知道，这一家六兄弟是父母三次婚姻的结晶，长兄克里斯托弗（Cristoforo）擅长画精密细致的小图，为书籍画插图确有一手；同父异母的弟弟安博洛奇奥（Ambrogio）擅长小型肖像画，人物画得惟妙惟肖；其他四位兄弟各有专攻，木刻、涂色、手工等一应俱全，这意味着普雷迪斯兄弟的作坊能够承接任何形式艺术品的订单。况且，他们还有莱奥纳多最看重的东西——普雷迪斯兄弟是卢多维科·斯福尔扎的御用画师和艺术家，与米兰宫廷有着千丝万缕的联系，莱奥纳多如果要进一步攀附“摩尔人”，普雷迪斯兄弟不仅可以指点迷津，甚至能够成为纽带和桥梁。

阿塔兰特和托马索也加入了这个团队。总算安顿下来，这里成了莱奥纳多安身立命之地，他将从这里出发，拓展机遇，施展拳脚。

米兰，让人觉得充满活力，焕然一新。

机遇接踵而至。

尽管在给卢多维科公爵的自荐信中，莱奥纳多竭力淡化自己的艺术才能，但是，他最突出的才华其实仍在绘画上，从本质上说他是一名画家，因此，这方面的机会总是与他不期而遇。

1483 年 4 月，莱奥纳多和普雷迪斯工作室的两名兄弟接到了一份重要的订单——为圣弗朗西斯科大教堂（Church of San Francesco Grande）的礼拜堂画一幅大型的祭坛画，报酬为 800 金币。委托方是一个宗教组织，他们熟悉佛罗伦萨画派的绘画技巧，也了解这三人之中只有莱奥纳多具有画师资质，因此（三折画）画中央大型主板的任务自然落在莱奥纳多身上，普雷迪斯两兄弟只负责两个较小的侧板。两年后，莱奥纳多终于完成了自己承担的部分并送到了客户那里（他仍然无法摆脱拖延的习惯）。

如今，这块大型主板被视为稀世珍宝和旷世杰作，它的名称是——《岩间圣母》。

疯狂的飞行

在米兰，莱奥纳多继续着在佛罗伦萨的不良习惯——随意承诺项目，又随意扔在一边。《岩间圣母》创作开始不久，他又沉浸在笔记体的手稿之中。作为公证员家族的后代，莱奥纳多有一种善于记录的基因。早先是在活页纸上写下自己的观察、感悟或涂鸦，从 15 世纪 80 年代中期开始，他定期记笔记，很快，他的文字、图画和涂鸦填满整本笔记。

1484年，一场可怕的瘟疫在欧洲暴发并且很快在米兰蔓延开来，几乎席卷了米兰城的每一角落。以前，这种瘟疫往往几个星期后就会自动消失，比如佛罗伦萨1479年暴发的“黑死病”。而米兰的这场灾难居然肆虐长达三年之久，感染者数以万计，封闭的屋子不时传来濒临死亡之人的惨叫。由于一家一家地死绝，尸体无人收拾而腐烂，城市的街区弥漫着令人作呕的恶臭。这场空前的浩劫夺去了三分之一米兰人的生命，莱奥纳多的很多熟人和朋友也相继在瘟疫中消失。

死神迫在眼前，更激发了莱奥纳多研究人体和医学的兴趣。作为“科学家”，他已经是“小荷显露尖尖角”了。

我们看看他笔记本上的防治瘟疫的秘方：

药用毒麦的种子

泡在烈酒里的棉花

一些白色的天仙子

一些起毛草

附子的种子和根

晒干这一切，将这种粉末与樟脑混合

这种奇怪的混合物能够阻止病毒的传播吗？不得而知，但至少可以缓解莱奥纳多的焦虑吧。

笼罩在黑死病的恐怖阴影之下的米兰，各种变态的民间秘方、偏方不胫而走，四处传播，而莱奥纳多却开始将精力投入科学技术的研究之中，特别是痴迷于鸟类飞行和载人飞行器的研究。

载人飞行在意大利文艺复兴时期是个热门话题，沉迷于此道的绝不仅莱奥纳多一人。但像他这样通过对鸟的飞翔观察形成对飞行器的独特构思，并且付诸技术设计甚至画出草图的人却屈指可数——他的《大西洋手稿》中出现了世上第一个降落伞的草图并标注了技术参数（见彩图 5 右）。

手稿中，他已经设计出了飞行器的雏形。

不过，他的机械装置、军事武器、城市工程等一系列发明基本停留在纸上和手稿中，鲜有付诸实施的，哪怕搞个模型也好。飞行器亦是如此。

“黑死病”超强的致死性导致大批易感染人群被淘汰掉了，剩下的都是有百毒不侵的体质、不易被这种病毒感染的人群，这场瘟疫倒是恰好诠释了“物竞天择，适者生存”的法则。

35岁的莱奥纳多也悟到这一点，他渴望突围，他期望转型，他不想做画家了。科学技术、机械装置工程、飞行器，哪一样不比一块画布更富有吸引力呢？——尽管这些草图和设计方案并没有给他带来面包和奶酪，但面对当今的社会变迁，艺术家们仅靠绘画是养不活自己的，学习新技能、掌握新技能已迫在眉睫。

莱奥纳多几乎成了工程师

我们从上文中知道，莱奥纳多在给卢多维科·斯福尔扎的自荐信中大篇幅介绍了他工程技术方面的知识和能力，只在信末尾提了一句“绘画也不错”，既没有介绍他完成的画作，也不谈他参与美第奇宫殿装饰的业绩，从而引发了某种推断——莱奥纳多“醉翁之意不在酒”，想以“擅长军事工程”作诱饵吸引爵爷，最终钓“青铜马雕像”那条大鱼。

现在，我们再换个角度来思考。

莱奥纳多到达米兰之际，正是拥有强大海上军事力量的邻国威尼斯对费拉拉虎视眈眈之时，卢多维科·斯福尔扎能够把70%的财政预算用于军费开支，显然，富有创造力的佛罗伦萨画家兼音乐家莱奥纳多同样希望分到一杯羹。然而，在爵爷心中军事工程师肯定要比艺术家重要得多，资金流向前者是不言而喻的——在米兰，“工程师”尤其是“军事工程师”是能够拥有崇高社会地位和体面收入的职业。

因此，自荐信中的描述，像是莱奥纳多内心对自己才能（或是爱好）的一种排序，更像是渴望突围、期望转型的他给自己定下的人生目标。这种热爱和兴趣的排序当然是有利益方面考虑的。

令人失望的是，爵爷对莱奥纳多那些夸下海口的无穷无尽的军事工程似乎不感兴趣，拿得出手的大项目完全不会交给他，给他的只是一些零碎的顾问咨询、小道具和小铁器设计制作之类的微不足道的项目，仅此而已。哦，对了，还有一次莱奥纳多被邀请参与建筑工程设计项目的投标，但这位佛罗伦萨的画家并没有被选中。如果用“投其所好以获得统治者重用”来作为成功的标尺，莱奥纳多显然失败了。

最终，赢得卢多维科·斯福尔扎公爵垂青的仍是莱奥纳多的绘画才能。

洛伦佐·美第奇从未委托莱奥纳多画一幅画，如同压根儿不会派遣他赴罗马一样。而卢多维科·斯福尔扎却完全不同，他被莱奥纳多无与伦比的绘画技能所征服。

天生我才必有用

人生不会事事如意，也不会事事不如意。

1484年的大瘟疫促使莱奥纳多对自己的职业规划进行了深度思考，尽管迷上飞行器、期望转型为工程师是其内心定下的人生目标，但是，事态发展却恰好与他的内心

趣闻

公元2000年时，来自伦敦的跳伞运动员阿德利安·尼古拉斯试用莱奥纳多笔记本上某个版本的降落伞进行了降落。他在降落伞上绑上一个热气球慢慢飘移1.5英里，证明了莱奥纳多当年的设计确实行之有效。此事距莱奥纳多去世已近500年。

目标背道而驰——卢多维科·斯福尔扎看中的正是他的绘画才华。现在，我们有理由猜测《岩间圣母》的背后推手或许来自公爵本人。在给匈牙利国王马提亚斯·科韦努斯（Matthias Corvinus）宫廷大使的信中，卢多维科·斯福尔扎提到："能够将圣母画得如此高贵美丽的，非他莫属。"

据说匈牙利国王曾经委托公爵向莱奥纳多订制过一幅圣母像，不过，我们今天找不到这幅画了。

1489年，卢多维科·斯福尔扎交给莱奥纳多一项重要任务——为他美丽的情妇画一幅肖像画。这个项目真可谓机遇与挑战并存。爵爷和少女切西莉娅·加勒兰妮

（Cecilia Gallerani）的感情当时正处于热烈时期，肖像画如果能获得统治者欢心，无疑是通向成功的一条捷径；而莱奥纳多在佛罗伦萨所画的《吉内薇拉·班琪》，足以证明他具有高超的肖像画技能，只要正常发挥，他的才能运用到

一家之言

佛罗伦萨诗人贝尔纳多·贝林西奥尼（Bernardo Bellincioni）写了一首赞美切西莉娅肖像画的诗：

哦，大自然，你该多么嫉妒吧
莱奥纳多画了你的一颗星星
美丽的切西莉娅，她可爱的眼睛
使日月黯然失色
她的活泼和可爱
会在未来的岁月让你获得更多的荣耀
因此，我们感谢卢多维科
我们感谢天才莱奥纳多的巧手
他们都希望世代分享

年轻美丽的切西莉娅·加勒兰妮画作中应该没有悬念。

毫无疑问，莱奥纳多抓住了这个绝佳机遇——这幅名为《抱银貂的女子》的肖像画一举成功，赢得了众人的赞誉，更获得爵爷的欢心。他没有沿用传统的侧面像构图，而是从上半身向右侧转三分之一的视角，让切西莉娅身体朝向左侧，头部转向右侧，显现了莱奥纳多肖像画惯用的对立平衡手法。少女手中抱着的宠物银貂是一种象征着纯洁的动物（对于切西莉娅情妇身份而言，这种宁死也不愿被玷污的小动物颇有讽刺意味），她的眼神、她的神秘微笑及搂抱抚摸银貂的动作，让画中人物切西莉娅栩栩如生、呼之欲出，而且也让这只银貂充满了灵性。

莱奥纳多以肖像画史上从未有过的方式与观众产生互动，震惊了所有看过这幅画的人，成为他们难以忘怀的、打动心弦的作品之一。

完成《抱银貂的女子》后，莱奥纳多的绘画艺术达到了一个全新的高度。他积聚全部力量，准备扑向迄今为止最为重要的目标——青铜马雕像。

万事俱备，只欠东风。

第七章

莱奥纳多是大明星

1489年始，整个意大利从战火和瘟疫中慢慢复苏，各城邦政治平稳、风调雨顺，亚平宁半岛开始出现繁荣复兴的景象。“兵马废、仓廪实”，战火停息后，用于打仗的银子便大量节省下来，人们终于可以积聚财富、享受富饶而宁静的生活了。

朱门更是纸醉金迷，夜夜笙歌。

爵爷开始大兴土木，开建了很多公共项目。他聘请了大量工程师和建筑师及各行业的工匠，重点对米兰、帕维亚和临近的维吉瓦诺城进行了大规模的重建和扩建，所有项目都是围绕市容美化而展开的——花园被重新布局，建筑物重新装饰，街道重新规划铺设，街头雕塑重新设计建造等。

莱奥纳多在佛罗伦萨学的手艺此时正好大派用场。当时的米兰，建筑师与工程师并没有明确细分，往往统称工程师。莱奥纳多虽说没有建造任何一部机器设备或一座实体建筑，但他几年来一直以工程师自居，为卢多维科·斯福尔扎新上的公共项目提供技术咨询。他的创造性思维加口若悬河的辩才，使他在新赞助人那里格外受宠。

当你去查阅伦巴第人才档案，发现莱奥纳多的名字是和工程师的职称联系在一起时，你完全不用惊讶。

成功完成匈牙利国王的圣母肖像画和卢多维科·斯福尔扎公爵情妇的肖像画之后，莱奥纳多完全坐稳了米兰顶级艺术家的席位。可以说，就绘画艺术而言，他的成功无人企及、无法复制。

不过，莱奥纳多却一直在挣扎，试图从绘画中脱身出来。

他规划了未来六年要做的很多事情。

接下来，莱奥纳多将迎来他一生中最辉煌、最幸福的十年，当然也是最激荡人心的十年。这十年，莱奥纳多将功成名就、实现他神奇般的梦想。然而，辉煌的巅峰与绝望的深渊往往仅一步之遥，他不可不察。

斯福尔扎青铜马雕像

毫无疑问，完成《抱银貂的女子》后，莱奥纳多得到了爵爷的赏识，顺理成章地获得了青铜马雕像的订单，个中原委在此就不一一细说了。总之，这是莱奥纳多的一个巨大胜利，是他艺术生涯中一个划时代的里程碑，他多年来梦寐以求的愿望终于实现了！

众所周知，尽管他是安德里亚·韦罗基奥大师名下的高徒，尽管他接受过安德里亚·韦罗基奥严苛的艺术训练，但他终归不是专攻雕塑，并不具有作为一名雕塑家应有的专业技能。并且，画家莱奥纳多对雕塑这门艺术也是不屑一顾的。他在手稿中写道："雕塑不像绘画那么需要智力，而且完全不能表现大自然的特征。"

热爱大自然的艺术家莱奥纳多居然说出这种话？雕塑家们惊讶不已甚至感到奇耻大辱。

身为画家的莱奥纳多，干起雕塑家的活儿立刻遇到了麻烦。从他一贯的作风来看，青铜马雕像的准备过程应该是严肃且严谨的——他亲自解剖了一匹马并在笔记本上详细记录了测量和观察的结果，根据这些信息又绘制了各种示意图、图表，以及艺术气息与科学元素交织的有关马匹和骑马男人的草图。最终，他确定了青铜马雕像设计图初稿——一种在欧洲所有城市雕塑中不曾有过的、最为恢宏而庄严的风格——卢多维科·斯福尔扎的父亲弗朗切斯科公爵身着戎装跨在一匹高大的骏马上，这匹骏马暴跳跃起，扬起右前蹄，左前蹄踩踏着躺在地上的敌军，肌肉发达的后腿因而直立。这是一个构思新颖而奇妙的设计，青铜马雕像充满活力，完美体现了伟大的斯福尔扎家族的霸气和实力。

这势必是一座前所未有、非比寻常的伟大纪念碑。

可惜，这又是几乎不可能完成的工程。

我们发现，莱奥纳多这种设计方案在欧洲雕塑家中绝无仅有，细究个中原委——技术上根本无法实现。青铜马雕像如此庞大的重量必须要有坚实的支撑，而莱奥纳多设计方案的初稿是将全部重量压在马的两条后腿上，显然，

趣闻

欧洲城市随处可见的骑马雕像，历史学家称之为“马术”雕像，该词汇来自拉丁语。

这种设计在铸造技术上不可能实现。

这个设计缺陷并不是莱奥纳多第一个发现的。佛罗伦萨驻米兰大使皮耶特罗·阿拉曼尼（Pietro Alamanni）（1482年陪同莱奥纳多前往米兰的那两位大使已经离职）在1489年7月给洛伦佐·美第奇的信中写道：

> 卢多维科·斯福尔扎大人计划建造一座宏大的青铜马纪念碑，造型为其父弗朗切斯科公爵全副武装骑在马上。他已经把这项工程交给了莱奥纳多·达·芬奇。鉴于卢多维科·斯福尔扎殿下期望这座纪念碑成为独一无二的旷世杰作，他吩咐我写信给您，可否派遣一两位擅长雕塑的佛罗伦萨艺术家前往米兰。依我看来，卢多维科大人尽管已把工程交给了莱奥纳多，

但对他能否妥当完成信心不足。

眼看着这匹马就要从他身边溜走，莱奥纳多很快改变了他的设计。他到了帕维亚（Pavia，卢多维科·斯福尔扎工程项目的重点城市之一），认真研究了哥特国王的奥多亚克尔青铜马雕像，从意大利当时的四尊伟大的骑马雕像中寻找灵感。比如，太阳王雕像可追溯到罗马帝国晚期（公元 300 年至 500 年）描绘了一位统治者跨骑着一匹马。这匹青铜马与莱奥纳多的设计构思完全迥异——马的四条腿中有三条牢牢地站立在底座上。

莱奥纳多坐在这座古代雕像前，写下了他的感想：

帕维亚的雕塑最值得称道的是马的动态；

雕像马小跑的姿态真像自由驰骋一样，而且巧妙解决了雕塑的承重问题；

古典作品比现代作品更值得去寻找灵感，但不能简单模仿；

外形美与实用性很难有机融合。

这个意识流清单像是莱奥纳多在试图说服自己。也可能是莱奥纳多第一次清醒地面对现实——自己没有想象中那么有才华。

这位年轻艺术家一直自恃才高，以闻所未闻的胆量和自信探索着天空、飞行、人体、艺术乃至军事工程等各个领域的奥秘，他似乎无所不能、无所不为，激昂的创造激情令他包揽下青铜马雕塑工程，他希望每个场合都成为明星式的人物。

其实，在他迄今为止的职业生涯中及在佛罗伦萨取得的一些成果上，起决定因素的恐怕是人品或其他因素而并非艺术水平。然而，莱奥纳多不这么认为，即便洛伦佐·美第奇冷落他、看不上他、根本不考虑将他加入派往罗马的文化使者时，他仍然认为只是自己商誉不好，未按时履约所致。

只有当面临现在这种尴尬局面时，他才猛然惊醒，自己是否先天不足，江郎才尽了？

毕竟，青铜马雕塑不是绘画。

此刻，莱奥纳多盯着帕维亚雄伟的雕像凝思，他似乎悟出了这样的一个道理：每个人都不可能完美，不完美才是最真实的美，但要不断反省自己。他在笔记本上写道："我们总是习惯挑剔别人的失误，在责备别人小错的时候，往往忽略自己的大错。"看来，莱奥纳多至少意识到他的青铜马设计有严重的缺陷。他必须忍气吞声，放下他的骄傲，从头开始。

毕竟，他想让即将开始的这个项目具有划时代的意义。

莱奥纳多又去了商店

莱奥纳多推翻了青铜马雕像原来的设计方案，一切从头开始。骏马驰骋的构思取代了暴跳跃起、后腿独立的姿势。这种基于技术安全的设计使得喧嚣的批评声很快风平浪静，没人再提出让佛罗伦萨派艺术家来帮忙之类的主意了。眼看要溜走的这匹青铜马又回到了莱奥纳多身边，这次他不会大意，一定牢牢攥住不放。

声名鹊起的莱奥纳多，仅凭自己在艺术圈的人气就会带来实惠，获得经济上的收益。于是，他果断离开普雷迪斯兄弟工作室，建立了自己的工作室，再次有了属于自己的一片天地——这是他职业生涯第二次独立创业。停笔多年的他仍然能成功完成《抱银貂的女子》，无可辩驳地证明了他的艺术底蕴和绘画造诣。重要的是，有了自己的工作室，他就可以招收学徒了。

招收学徒的意义不仅在于莱奥纳多能够把自己的技艺传授给新人，指导他们学习绘画技巧，甚至培养几位未来的艺术家；也不仅是他们可以给自己打下手，给自己的画作做一些基础性的活儿。重要的是，学徒是要交学费的，这笔学费正是莱奥纳多的重要收入来源——就像他父亲当年向安德里亚支付巨额学费一样，现在每收一名学徒就意味着多一份收入。比如，他每个月可以从学徒加莱亚佐（Galeazzo）父亲那里获得五个里拉（一种价值不如金弗罗林的货币）的现金进账。

可想而知，莱奥纳多每年仅从加莱亚佐身上就能赚到不少于 60 里拉的收入——当你看到莱奥纳多有数名学徒时，可以推断他的生活境况不会糟糕。

我们看看15世纪意大利几种职业的年薪：

米兰军队步兵队队长：3750里拉（1520年左右）

威尼斯的丝织品织造工人：400里拉（1450年左右）

佛罗伦萨银行的年轻职员：200里拉（1450年左右）

佛罗伦萨的店员：70里拉（1450年左右）

佛罗伦萨的用人：40里拉（1450年左右）

莱奥纳多继续与普雷迪斯兄弟合作，段子手托马索也加入了其中。不久，莱奥纳多竟然将他的工作室搬到了米兰的维奇奥宫（Corte Vecchia）——米兰统治者以前的官邸。登上统治者宝座的卢多维科·斯福尔扎顺理成章地搬进了斯福尔扎大城堡；获得青铜马雕像订单的莱奥纳多也顺理成章地搬进了维奇奥宫空置的房间里——能够荣幸地把自己的工作室搬进统治者的前官邸，足以证明卢多维科·斯福尔扎对他的青睐及两人关系之亲密。

乔迁新居不久，莱奥纳多的生活变得丰富多彩乃至非常魔幻。他的身边尽是一些滑稽幽默和性情古怪之人，比如猥琐诗人卡米利和段子手托马索·乔万尼之类。团队的最新成员是10岁的乔瓦尼·贾科莫·迪·皮特罗·卡普罗蒂（Giovanni Giacomo di Pietro Caprotti）。莱奥纳多很快为他找到了一个更合适的名字："萨莱"或"小恶魔"。

这个小男孩现在的角色是仆人或小厮，但莱奥纳多内心却是期望把他培养成一名画家——如果确有天赋的苗头，哪怕是一点点。令他失望的是，这名小厮早期展现的唯一才能就是让莱奥纳多难堪，令他烦恼。这位伟大的艺术家和艺术工作室的掌柜居然花时间列出了一份清单，列明萨莱在他工作室干的一系列恶作剧，包括从莱奥纳多钱包里偷钱，抢走其他学徒的物品，恶语羞辱每个成员等。莱奥纳多用"小偷、骗子、顽皮、贪婪"八个字概括了萨莱的所作所为。

可是，莱奥纳多无可救药地喜欢他。

因为萨莱本身就是微缩版的莱奥纳多——至少是这位伟大艺术家喜欢恶作剧的另一种体现，如同段子手托马索·乔万尼一样，在未来的几十年，萨莱将成为莱奥纳多生活中不可或缺的部分。

新工作室的组建、《抱银貂的女子》肖像画的收尾、青铜马雕像的重新设计，当这一切完成后，莱奥纳多开始转向新的项目。他那忙碌的大脑仿佛是台由无数齿轮和零部件组成的错综复杂的机器，时刻不停地转动着，源源不断制造出充满睿智的设想或规划。

小插曲：维特鲁威人

莱奥纳多对人体解剖学的研究其实在安德里亚工作室当学徒时期就开始了。只是这个时期的人体解剖研究，其目的是为了绘画作品能够准确勾画人体的形态，生动画出现实生活中的人物。莱奥纳多认为人的身体就是一个微缩的世界，人体运行就是世界运行的一部分，画家应该如解剖学家一样了解人体。画人或者动物，离不开对其内部结构的了解，只有具备了肌腱、骨骼、肌肉和神经的基础知识，才能描绘出姿势优美、比例匀称的人体。

这种以精准描绘人体为目的的研究，是他人体解剖学研究的起点——对他的绘画艺术也起到了革命性作用。

从15世纪80年代后期开始，强烈的求知欲使他转向探索那些他未知的更多奥秘。如果用历史眼光考察莱奥纳多所处的时代，我们会发现“科学”在当时是一种类似古代典籍般的存在。尽管克劳迪亚斯·盖伦（Claudius Galenus）、希波克拉底（Hippocrates）和亚里士多德（Aristotle）这样的科学巨人在医学和哲学研究方面取得了重大成就，但都是莱奥纳多出生一千多年前的事情。也就是说，对于“科学”的探究随着罗马帝国的衰落而基本停止，直至15世纪初，在意大利人文主义者兴起的整理古典典籍风潮中才被重新拾起。

与其他学科相比，莱奥纳多所关注的人体解剖学更为神秘莫测，更容易受限于古老的禁忌及教条主义者的指责。传统观念认为，人是上帝按照自己的样子创造出来的，怎么能够像研究机械装置那样去肢解呢？然而，这恰恰是莱奥纳多想做的事。

伟大的艺术家变成了人体研究专家，莱奥纳多绘制了大量的截面图和拆分的细节图，把人的脊椎骨、头骨、身体循环系统，以及有关骨骼、肢体等各个器官分别地画出来（见彩图 7），研究它们之间的连接和运行方式，并且开始了一系列有关人体比例的测量——从脚趾尖到头顶——最终完全把握了人体的黄金比例。他在笔记中系统记录了 22 条测量数据。

伟大的作品《维特鲁威人》就是他这些研究的结晶（见彩图 8）。

维特鲁威（Vitruvius）是公元 1 世纪罗马伟大的建筑家和军事工程师，他研究了圆形和方形等几何形状和人体比例的关系，提出了关于人体和谐比例的理论。

莱奥纳多的这幅素描杰作以维特鲁威来命名，正是体现了维特鲁威的著作《建筑十书》中曾盛赞的人体比例和黄金分割。

而且，这幅存于威尼斯学院美术馆的手稿，笔法极为精细，在纸上画出了如雕刻一样的线条，完全不同于一般的草图。无论是科学的准确性还是艺术的独特性，素描作品《维特鲁威人》都达到极高的境界。通过对人体及其比例的精致描绘，呈现了科学和艺术的完美融合，诠释了人体微观世界和地球宏观世界之间的关系，颂扬个体的尊严、价值和理性思维，总之，一种理想的人文主义精神呼之欲出。

另外，于我们而言，仍有诸多不可思议之处。

莱奥纳多在实现梦寐以求的愿望——承接斯福尔扎青铜马雕像订单的那一刻，他的注意力居然"神转移"，跨越到了人体解剖学这样奇怪的东西上。确实，莱奥纳多似有过"注意力缺陷障碍"。但以前的跨越甚至跳跃，大多是与他的机械或工程项目相关联的延伸和扩展，是具有实际应用价值的，至少某些跨越有助于维系他与卢多维科·斯福尔扎公爵的关系。

然而，就在紧锣密鼓设计青铜马雕像的时刻，他移情别恋到人体解剖学，这葫芦里卖的究竟是什么药呢？

莱奥纳多对于人体的研究应该是源于绘画的，继而引发了一系列抽象的类比——探索人的本质、从本质上理解人体结构和运转原理、人体黄金比例与建筑的关系、几何学与图形变换及"化方为圆"的数学难题、人体微观世界与地球宏观世界间的联系。

他在笔记中写道："获取任何知识总是有用的，因为它能够消除无用的东西并保留那些好的东西。没有任何东西可以被爱或被憎恨，除非它是第一次被人知道的。”

对于新知识的探索，莱奥纳多有着不可遏制的、难以满足的好奇，这种好奇心让他不停折腾、不舍昼夜——人体解剖学研究只是其中之一。

望梅真的不能止渴。

几乎完成的斯福尔扎青铜马雕像

我们承认，研究人体解剖学对于莱奥纳多的知识结构和艺术创作有着至关重要的作用，但我们更认可，这种爱好不能替他支付任何一张账单。卢多维科·斯福尔扎邀请他搬进维奇奥宫，也绝不是因为他的《维特鲁威人》，青铜马雕像才是莱奥纳多眼下要干的正经事。

他需要重新设计马的造型，并着手建造一个同尺寸大小的泥塑模型。

我们曾介绍过，年轻的莱奥纳多对动物尤其是马充满了热情，研究人体的同时也花了不少时间潜心观察马厩里的马。当卢多维科·斯福尔扎为这位艺术家打开皇家马厩时，莱奥纳多如同一名饿汉扑向了面包，如饥似渴般抓住这个机会对马匹进行更仔细的观察，一丝不苟的精神丝毫不逊于他对人体解剖学研究。

最终的成就不仅是一匹完美贴近真实的活灵活现的青铜马，而且还有一本关于马的造型的著作。

经过呕心沥血的研究，以及参照帕维亚的青铜马雕像进行的重新设计，莱奥纳多开始为青铜马雕像的模型做准备了。位于维奇奥宫的他的工作室有较高的穹顶，他和他的团队运进来大量的黏土，着手塑造模型。在完成了底座和马的塑像后，莱奥纳多发现，尽管维奇奥宫的室内空间已经足够高，但仍然施展不开手脚——仅马的塑像就有 21 英尺高，如果再加上底座呢？他们不得不把模型移到室外的空地。

经过一个多月的努力，泥塑模型终于完工。

1493 年 11 月，在斯福尔扎大城堡美丽的大花园里，用大块画布覆盖的青铜马雕像泥塑模型，期待揭开帷幕的那一刻，而莱奥纳多则精神抖擞地站在巨大模型的一侧。

时间一到，莱奥纳多的学徒们兴致勃勃地揭开画布，展示出了他们的老师辛勤工作的成果。

四座皆惊。

如果说，以前尚有嘈杂的批评声，指手画脚、评头品足的议论声，此时此刻，只有缄默无语才能表达对莱奥纳多的认可、钦佩甚至嫉妒。展现在眼前的同尺寸模型——底座、马和人像——高约50英尺，爵爷的父亲弗朗切斯科·斯福尔扎身着盔甲，威严英武地骑着一匹体型巨大的马，只见那马，肌肉健壮、体态匀称、长鬃飞扬，仿佛随时会发出气魄雄浑的嘶鸣，驰骋沙场英勇杀敌。在建筑物环绕的花园里耸立的这座雕像模型，构成一幅奔腾的美与力量的美交织的画面——莱奥纳多对于人体和动物解剖的研究终于发挥了最大的效用。

爵爷当然十分满意。他甚至庆幸当初是何等英明——将如此重大的项目交给一个既无资历又无名望的年轻人。他满心欢喜地向莱奥纳多表示祝贺，决定开始铸造实体青铜马雕像。

文艺复兴时期艺术界中最精彩的一幕即将拉开，莱奥

一家之言

一位米兰诗人写道：

“我敢肯定，无论在希腊或罗马，再不会有比这更大的纪念物了，他（卢多维科）要用一个巨大的金属雕像来纪念他父亲，这尊无与伦比的美丽的青铜马雕像，是由莱奥纳多一人创造的。”

纳多将给意大利和世界艺术史上留下浓墨重彩的一笔，毫无悬念，他的伟大成就——青铜马雕像，在未来几个世纪仍然会是一个标志性的艺术建筑。

然而，谋事在人，成事在天。

风云突变，战争迫近，整个意大利陷入恐慌之中。

法国军队兵临城下。

梦想化为泡影

由于得到卢多维科·斯福尔扎公爵的青睐和恩典，过去的几年，莱奥纳多的事业顺风顺水，不断收获着赞誉和喝彩。眼看莱奥纳多就要登上成功的巅峰之际，岂料天有不测风云，法国军队突然大举入侵意大利，他的命运因此来了个大转弯，精心策划的一切开始崩塌，梦想迅速化为泡影。

看来，真是“祸兮福所倚，福兮祸所伏”啊。

不过，对于这个引起莱奥纳多命运大转弯的“福兮祸兮”，我们有必要捋一下来龙去脉。

事情由那不勒斯的国王费兰特（King Ferrant）突然去世引起。这件事非同小可，直接影响了欧洲政治版图，恰好又发生在青铜马雕像的泥塑模型成功并将正式投入实体制作的阶段，让人不得不感叹莱奥纳多“命运多舛”“成事在天”了。

长期以来，那不勒斯国王一直是卢多维科·斯福尔扎公爵眼中的敌对势力，其原因是卢多维科·斯福尔扎只是摄政王，真正的米兰公爵是他的侄子吉安·加莱亚佐（Gian Galeazzo），而那不勒斯国王费兰特的女儿又是吉安·加莱亚佐的妻子。吉安·加莱亚佐一直对卢多维科·斯福尔扎的强势夺权心怀不满，继而沮丧或是愤怒，他的岳父——那不勒斯国王的态度可想而知，肯定不会高兴。请记住，吉安·加莱亚佐是法律意义上的米兰公爵，卢多维科·斯福尔扎只是摄政王，当吉安·加莱亚佐长大成年后，他理应接管一切，履行自己的权力。但绝无一点可能性，吉安·加莱亚佐想从他叔叔卢多维科·斯福尔扎手中夺走权力比登天还难。在米兰，“摩尔人”卢多维科·斯福尔扎才是真正意义上的公爵，用大权在握、势力强大、盘根错节、江山稳固来形容他的统治是很贴切的。

然而，随着费兰特大公的去世，局势变得不确定了。

法国人来了。

几个世纪以来，法国一直虎视眈眈那不勒斯公国。费兰特的去世让他们觉得有机可乘，法国国王查理八世大举进军意大利。米兰乃兵家必争之地，一旦占领了米兰，法国军队则可在意大利全境长驱直入。相比那不勒斯公国的新君王，卢多维科·斯福尔扎更喜欢法国人，这是权衡利弊后的理智选择。于是，他与入侵的法国军队结盟了。然而，当法国大军的铁蹄踏进米兰的同时，吉安·加莱亚佐公爵突然驾崩，诡异地死去了，卢多维科·斯福尔扎理所当然、顺利且迅速地成为名正言顺的公爵，成为米兰武装力量的唯一统帅。

嗯，差不多——进入米兰的法国军队流连忘返，得陇望蜀，正打着如意算盘怎样把米兰连同那不勒斯公国一起揽入怀中，趁着一脚已经跨进了意大利国土，索性把整个意大利也吞了。

好梦不长，一年后，卢多维科·斯福尔扎与法国翻脸，他改变立场加入了反法的神圣联盟，而且在 1495 年 7 月的福尔诺沃（Fornovo）战役中击败了法国军队。

作为艺术家的莱奥纳多跟法国的纠葛并没有因此结束，下回自有分解。

只是，这场战争让那匹青铜马雕像壮烈牺牲了，而且是战争尚未爆发时的早期阵亡者——青铜是通过铜和锡及其他金属混合而成的一种合金，由于价格昂贵，通常仅用于小件物品。为铸造塑像，卢多维科·斯福尔扎耗费巨资预留了近 75 吨的青铜，然而，一旦战火燃起，一切都变得不重要，一切都要服从生死存亡的大局——75 吨青铜全部被征用，拉去铸成了火炮，卢多维科·斯福尔扎喜欢用火炮这种重武器打击敌人。

青铜马雕像项目戛然而止，米兰公国的国库也很快见底，莱奥纳多没有任何指望。

十年心血付诸东流。

世上不可能再有青铜马雕像了。

凤凰涅槃：最后的晚餐

我们无法想象莱奥纳多当时沮丧和失望的心情。当他意识到青铜马之梦已经化为南柯一梦时，绝望和万念俱灰不言而喻。

此时的莱奥纳多已是米兰城里最优秀的画家。多年来，背靠爵爷这棵大树，他订单不断、财源滚滚，但他却一往情深于青铜马雕像，在设计雕像的那些日子里，学了不少有关马和人体解剖学方面的知识，用泥巴塑个模型也能获得与真正雕塑一样崇高的赞誉。提起这些，有助于我们理解他彼时的心情。

比起15年前以民间音乐家身份第一次来到米兰，现在的境况毕竟要好得多。尽管如此，为之奋斗数年的梦想毁于一旦，他的失落和痛苦一定是刻骨铭心的，以至一年多后，他给卢多维科·斯福尔扎写的信中仍然悲伤地提起此事：“我也得识大局，对于青铜马雕像我无言以对，无话可说。”确实，他习惯了言而无信、半途而废——因此而臭名昭著——而这匹青铜马，却是他真正想做成的东西。

失之桑榆，收之东隅。命运从莱奥纳多手中夺走了斯福尔扎青铜马，却又送给他一份厚礼。

正当莱奥纳多为失去青铜马雕像痛不欲生之际，一个新项目的订单不期而至——在教堂的一面墙上画一幅画。这幅大型壁画的名字叫《最后的晚餐》——被后世誉为世界上最伟大的、体现莱奥纳多最高艺术造诣的绘画作品（见彩图9）。

而且，这件稀世珍宝竟完美诠释了“福兮祸兮”的含义。

原来，卢多维科·斯福尔扎把公爵城堡以西的圣玛利亚感恩教堂（Santa Maria delle Grazie）列为了米兰公共艺术重点项目之一，不惜靡费大量资金、耗费若干年时间去进行修复和装饰。这是一座小巧而精致的教堂和修道院，卢多维科·斯福尔扎之所以如此慷慨解囊，是为自己的“百年去处”做安排，希望灵柩能够安放在这个教堂里，为自己和家族建造一座神圣的陵墓。除了他最喜欢的画家莱奥纳多之外，他会放心让谁在教堂餐厅的墙上画这幅壁画呢？

1495 年，莱奥纳多开始了他的伟大创作——在这面墙上绘制一个大型《圣经》里的场景。壁画描绘的是耶稣在被钉在十字架上之前跟他的门徒最后一次共进晚餐的场面。虽说《圣经》中的这个题材以前很多主流艺术家均画过，莱奥纳多却与众不同，他以独特的视角展现了这一历史上著名的场景——不像以往的绘画作品那样选择发放圣餐的场景，而是选择了耶稣向门徒们宣布他们中有一人出卖了自己的那一紧张瞬间。莱奥纳多一扫过去作品中耶稣和门徒表情凝滞、动作僵硬的弊病，而是通过每个人物的动作、眼神和面部表情，让观众“读到”了吃惊、怀疑、惊慌、愤怒、猜疑和否认：一张摆满酒和面包的桌子，耶稣孤寂地坐在中间，他的脸被身后明亮的窗户映照，显得庄严肃穆。十二门徒分坐于两边，包括犹大——那个背叛他的人，满脸的惊恐与不安。

在接下来的两年时间里，莱奥纳多和他的助手（包括萨莱和托马索）为绘制这幅高 4.6 米、宽 8.8 米的大型壁画而呕心沥血，把他生命中的精华完美地体现在这一杰作上。

小说家马德奥·邦代罗（Matteo Bandello）回忆起他在少年时看莱奥纳多画《最后的晚餐》的情形——

> 他一大早就来到圣玛利亚教堂，爬上脚手架开始工作。有时他从晨曦一直忙碌到太阳落山，从没有停下手中的画笔，忘记了饮食，只是不停地画。有时候，他一连几天一笔不动，而是双臂交叉站立在画前仔细端详，对画中人物进行审视和评判；有时，他如同灵感附体一般突然离开维奇奥宫（他的住处），直奔壁画所在的餐厅，不顾炎炎烈日爬上脚手架添上两三笔，然后又离开……

这就是伟大的艺术家莱奥纳多·达·芬奇——有时

他心无旁骛，完全沉浸在他的作品里，仿佛整个世界都不复存在了；有时他又心不在焉，三天打鱼两天晒网，直到灵感冲动让他突然想起他的作品。

圣玛利亚修道院院长对莱奥纳多不规律的工作时间和忽冷忽热的拖延态度多有抱怨，时而向卢多维科·斯福尔扎公爵流露这种抱怨。莱奥纳多告诉公爵，他正苦于寻找不到一张足以代表犹大邪恶的面孔，如果教堂的这位负责人继续对他不满，他是“可以用这位苛刻的缺乏耐心的修道院院长的面孔”作为样本的。

一个长不大的淘气乡村男孩，一个混迹江湖、结交三教九流的游子，一个与铁腕人物卢多维科·斯福尔扎称兄道弟的艺术家，哈哈，这就是莱奥纳多。

“摩尔人”卢多维科·斯福尔扎听了这番话忍俊不禁，捧腹大笑，教堂负责人的抱怨也就不了了之。

1497年，壁画终于完成。

所有的努力都没有白费，莱奥纳多超越了自己。如果说，他在《持康乃馨的圣母》中赋予了画中人以真实生活情感，那么在《最后的晚餐》中，他把这种技巧展现得淋漓尽致，运用得炉火纯青。他捕捉到了一个特定的瞬间——耶稣告诉诸位门徒即将到来的背叛，每个门徒的内心反应所引起的一连串神态变化，让观看者能够很快识别他们的内心意图。

一位壁画评论员解释说：

他们（在壁画中）的行为和姿势，似乎是在相互交谈，一个人和身边的另一人，另一人又与其他的人，一直向外扩散，每个人都充满着敏锐的惊奇感。莱奥纳多用他神奇的手创造了最引人入胜的叙事性绘画。

莱奥纳多从青铜马雕像的灰烬中获得了重生，完成了他迄今为止最宏伟的绘画。《最后的晚餐》不仅是莱奥纳多艺术成就达到巅峰的标志，也是文艺复兴时期的艺术日益成熟、走向伟大的标志。

然而，命运也真会捉弄人，快乐和痛苦只在一念之间。

法国人又来了。

这次，卢多维科·斯福尔扎不够聪明，厄运难逃。

第八章

莱奥纳多·达·芬奇走了

1499年，法国国王查理八世驾崩，路易十二（Louis XII）不仅继承了王位，而且全面继承了查理八世征服意大利的计划，甚至比其祖父野心更大。况且，威尼斯共和国也一直做着独占意大利的春梦，他们很快沆瀣一气，让路易十二下定决心举兵意大利。

还记得卢多维科·斯福尔扎公爵的两难之困吗？法国大军的铁蹄踏入亚平宁半岛后，立即把米兰公国围得水泄不通，意在排除威尼斯共和国称霸伦巴第地区的最大障碍。很快，固若金汤的斯福尔扎城堡被攻破，意大利最富有的城邦不到一个月就落入路易十二的手中。

爵爷卢多维科·斯福尔扎和一些宠臣暂时逃离，不过，最终也没有逃脱作法国人阶下囚的命运。8年后，这位赞助莱奥纳多近20年的伟大公爵魂断异乡——当然，这是后话了。

在这场米兰统治权的争夺战中，尽管莱奥纳多最终选择离开，但在法军攻城之时他并未急于逃离，举棋不定其实是想寻找机会与新的统治者搭上关系。然而，鉴于法国人在米兰的烧杀抢掠等诸多因素，以及他的赞助人——卢多维科·斯福尔扎公爵的命运，莱奥纳多终于决定离开这座待了近20年的城市，寻找属于他的风水宝地。

时年47岁的莱奥纳多与他的几个伙伴一起处理完手头的事之后，离开了米兰——他的人生又翻开了新的一页，这是充满不确定性和冒险的篇章。

接下来的故事很精彩——莱奥纳多重新回到佛罗伦萨，有7年时间让他挑战自己，突破天才的极限。

曼图亚的奢侈生活和威尼斯河道

莱奥纳多一行离开米兰后并没有直接去佛罗伦萨，而是绕了一大圈去了其他城市。旅途第一站是曼图亚

（MANTUA）——一个位于米兰和佛罗伦萨之间的小镇。美丽的女人伊莎贝拉·黛斯特（Isabella d'Este）是曼图亚首领弗朗切斯科·冈萨加二世（Francesco Gonzaga II）的妻子——一个被宠坏的青年女子。

26岁的侯爵夫人伊莎贝拉·黛斯特喜欢艳丽的华服、奢侈的美食、众星捧月般的奉承，还有说一不二的霸气。好吧，有钱就是任性，任何场合她都要成为主角。

1491年她做客米兰宫廷，见过莱奥纳多，也看到了那幅美丽的肖像画——《抱银貂的女子》，伊莎贝拉竟然要求切西莉娅·加勒兰妮把这幅画借给她，理由是这样可以方便她随时与其他画作进行对比欣赏。

凭直觉，莱奥纳多知道在伊莎贝拉·黛斯特这里能够找到自己的避风港湾，而且有足够的时间停靠，让他慢慢思考有关未来航向的问题。于是，一行人在曼图亚暂时停留下来。1499年直至1500年的春天，这位无家可归的艺术家享受着伊莎贝拉的热情好客，同时又奉献出自己的才华作为报答——在短短的几个月里，他为伊莎贝拉画了一幅她本人肖像的彩粉画素描（有史学家认为莱奥纳多把复制品给了侯爵夫人，他自己保留了原画，继而制成了木版油画。不过，也有与之完全相反的说法）。

伊莎贝拉本人不仅喜欢这幅画，更喜欢的是在她屋檐下拥有这样一位著名的艺术家。然而，她刁钻、蛮横的性情却很快让莱奥纳多生厌，甚至无法忍受，如果不逃离这憋闷的空气莱奥纳多觉得一定会窒息而死。

他渴望自由，渴望离开曼图亚。

终于，1500 年春天，莱奥纳多摆脱掉了伊莎贝拉，离开曼图亚再次启程。

他们一行人——其中应该有萨莱和托马索吧，行至意大利东部的著名贸易港口威尼斯共和国停留下来。威尼斯为了防御土耳其的入侵正在大建军事设施，莱奥纳多继续扮演着军事工程师的角色，这让他觉得心情放松且游刃有余。

毫无疑问，如同在米兰一样，莱奥纳多的任何一项精巧设计或奇思妙想在威尼斯都没有变成现实。其中包括让一个男人穿西服在湖底待一段时间（相当于潜水服吧）这种天才的构思。

况且，此时他得到消息——米兰伟大的统治者、他的前赞助人卢多维科·斯福尔扎公爵已经落入法国军队手中。

如果说，他曾经有过打算，当卢多维科·斯福尔扎东山再起时重返米兰，现在一切全泡汤了。

作为著名艺术家的莱奥纳多不得不面对现实。

他当然可以——而且很快就会收到一些客户的预付款或者订金，但莱奥纳多已经不习惯这种收入不固定的生活了，自到达米兰以后的十几年里他从未遇到有上一顿愁下一餐的境况。

船遇到大风浪时，人们本能地会去寻求一个避风的港湾，莱奥纳多亦如此。但哪儿才是他的安全港湾呢？

他又出发了。

这一次是回去，回到曾记录他青春岁月的那座城市。

回家

1500年4月中旬，莱奥纳多踏上返乡的路程，他的身影出现在佛罗伦萨的大街上。少小离家老大回，在外漂泊的时光里莱奥纳多已经创造了奇迹，拥有属于自己的辉煌，如今应该算是衣锦还乡了。

此时的佛罗伦萨，对于莱奥纳多而言既熟悉又陌生——街衢依旧，人事全非。权倾天下的美第奇家族早已人去楼空。伟大的洛伦佐·美第奇 1492 年作古，把这座城市交给了他儿子皮耶罗·德·美第奇，无能且弱智的皮耶罗二世的统治很快被反对势力搞掉——随后，佛罗伦萨经历了四年神权政治的狂热和激进，在 1498 年又一次暴力政治后出现了权力真空，实现了真正的共和统治体制。莱奥纳多回家时正值佛罗伦萨进入新的祥和宁静时期，古代典籍和艺术品重新受到了推崇。

佛罗伦萨共和国欢迎远方归来的游子。

莱奥纳多在佛罗伦萨没有住所也没有赞助人，他只好在距离安德里亚·韦罗基奥旧工作室的不远处租了房子并安顿下来。安德里亚工作室的掌柜现在是洛伦佐·克列迪——莱奥纳多的师弟。

莱奥纳多的生父塞尔·皮耶罗对儿子的回来似乎缺乏应有的热情。他已经进入耄耋之年，经历了四次婚姻，至少有 11 名合法子女——私生子莱奥纳多跑回家来只会让这位老人感到困惑和烦恼。

我们无法断定莱奥纳多在外漂泊的十几年间与生父是否有着密切的书信往来，因为现在我们手中仅有一封信，不足为凭。倘若如此，我们有理由相信莱奥纳多回到佛罗伦萨时与生父的关系就像他离开的时候一样紧张。无所谓啦，根本没有时间顾及这些，莱奥纳多已经是一位享誉全意大利并且有着广泛高质量人脉的著名艺术家，新的崇拜者那里的订金、佣金和其他收益很快会滚滚而来，其他的并不重要。

或许，几年后他会因为没有陪伴老父亲度过最后的时光而遗憾，但那是后话了。

佛罗伦萨的荣耀

不久，莱奥纳多一行搬进了佛罗伦萨圣母领报大教堂（Church of Santissima Annunziata）居住，那里的修士们会为一些杰出的艺术家提供住宿，此次，他们慷慨安排了五个房间——这是修士们能提供的最好待遇。

因为，莱奥纳多接受了修士们的委托——为他们的教堂画一幅祭坛画。提起祭坛画，18年前他忽悠佛罗伦萨教堂的事令我们记忆犹新——那次，莱奥纳多把位于斯科佩托的圣多纳托修道院好好地耍了一把，爽约的原因当然是对方的条件太苛刻——只有当绘画全部完工后才能支付150弗罗林的报酬，这样的合同条款简直糟糕透顶。

而这一次，圣母领报大教堂的修道士们事先全额支付莱奥纳多的生活费和他一行人员的花费，外加一笔数目可观的现金。

18年过去了，就是不一样。

莱奥纳多却仍然是18年前的他，一旦得到订单就依然故我，迟迟不动笔，无边无际地拖延下去。不过，客户这一次却毫无怨言，甚至表示愿意耐心等待，哪怕到地老天荒。毕竟，对方不是普通人，是全意大利顶级艺术家——莱奥纳多！艺术家的名气越大，怪癖就越多，而客户也越愿意接受。这也算行业的潜规则吧。

最终，莱奥纳多揭开了这幅祭坛画的神秘面纱——

这幅名为《圣安娜、圣母与圣子》的大型油画的草图吸引了大批观众，尽管只是初稿的揭幕，但参观的人群络绎不绝，蜂拥而至，如参加盛大的节日一般涌进展厅——和当年他揭开青铜马雕像的泥塑模型一样，只为一睹莱奥纳多的鬼斧神工之作。

习惯性拖延是莱奥纳多一贯的做派，圣母领报大教堂的这幅祭坛画之所以一拖再拖，毫无疑问，总会有其他感兴趣的事情在不断转移他的注意力，让他分心——比如，1501 年初离开佛罗伦萨跑到罗马旅游就是一例。

回想起 20 年前选派罗马西斯廷教堂天顶画的艺术家那件事，洛伦佐·美第奇压根儿就没有考虑他，令莱奥纳多备感沮丧甚至当作奇耻大辱，至今耿耿于怀。这次去罗马，显然没有什么重要的绘画项目等着他，他只是一个普通游客而已。

往事并不如烟。

在罗马，莱奥纳多只是逛了逛城市周围的几处古代遗址，开阔一下眼界，拓展了他的工程知识而已。几个月之后，他回到了佛罗伦萨重操旧业，继续画圣母领报大教堂修士们委托的那幅画作。

出色的工程师和建筑师莱奥纳多

短短一年多，莱奥纳多的足迹从米兰至曼图亚，然后威尼斯、佛罗伦萨，接着去罗马，再返回佛罗伦萨。而且，他的笔记本向我们证明，在米兰的 18 年他去过帕维亚、维吉瓦诺、查拉瓦莱、科莫湖和热那亚等地，看来，年近知天命的艺术家渴望着神奇的旅行。罗马之旅后，他仍然沿袭着以往的行事风格——新项目一个接一个地承接（甚至是主动发起），然后一个接一个地扔在一旁，大教堂的那幅祭坛画仿佛被遗忘了一般，原地踏步，毫无进展。

而且，美丽的侯爵夫人伊莎贝拉·黛斯特几个月来一直执着纠缠莱奥纳多，请求再为她画一幅肖像。

莱奥纳多显然已经厌倦了油画笔，就像他画完《抱银貂的女子》后一样，他的思绪已经放飞到了很远处，远离了绘画。侯爵夫人有点急不可耐，写信给她在佛罗伦萨的朋友弗拉·彼耶得罗·诺维拉拉（Fra Pietro Novellara）神

一家之言

传记作家乔尔乔·瓦萨里描述了油画草图的揭幕盛况：

这件作品赢得了艺术家们的惊叹和钦佩，草图展览揭幕当天，吸引了大批观众，男女老少蜂拥而至，仿佛去参加一个盛大的庆典。人们惊奇的目光注视着莱奥纳多创造的奇迹。

父，请他帮忙斡旋。尊敬的神父来到大教堂打探，几天后，他告诉伊莎贝拉·黛斯特：莱奥纳多“沉湎于几何学，大脑完全被他的数学公式所占据，对画笔毫无兴趣”。

我们已经说过莱奥纳多厌倦绘画艺术，期望转型，我们更描述过他的真实目的——寻找新靠山，投靠一位适合自己需要和品位的新的赞助人。我们发现，无论是在佛罗伦萨还是在米兰，抑或是从米兰最终又回到佛罗伦萨，他在这方面的努力永远没有停息，终日马不停蹄直至生命终结。

对现状永远不满足和对绘画失去兴趣，这两种心绪奇怪地混合在一起让莱奥纳多寝食难安，直到得到了铁腕人物切萨雷·波吉亚（Cesare Borgia）的庇护后才有片刻安宁。

切萨雷·波吉亚是罗马教皇亚历山大六世竭尽所能袒护的爱子，一个残忍的军阀。他像暴君一样热爱权力，毫不掩饰自己的野心。作为军事统帅，切萨雷·波吉亚26岁那年已经征服了包括罗马北部在内的中意大利地区，计划在政治动荡的罗马涅地区建立自己的公国。这位“嗜血的野蛮人”凶残地攻城略地，所到之处烧杀抢掠，让佛罗伦萨和附近城邦的首领们胆战心惊、噤若寒蝉。

1502年夏天，佛罗伦萨的执政者为了向这位暴君示好，把莱奥纳多当作礼物送给了切萨雷·波吉亚，借此期望与这位年轻的王子搭建一座友谊桥梁，这跟洛伦佐·美第奇统治时期用艺术家作为外交手法如出一辙。

其实，1499年切萨雷·波吉亚联手国王路易十二的军队攻入米兰时，曾一起去看过《最后的晚餐》，并因此见过莱奥纳多。为了答谢切萨雷·波吉亚对法国军队的支持，路易十二封切萨雷·波吉亚为公爵，赐予他法国国籍，甚至还调遣一支军队归他指挥。

可以想象，莱奥纳多当时一定渴望背靠切萨雷·波吉亚这棵大树，并且极有可能向他展示过自己的军事工程设计才能。

倘若没有一个势力强大、位高权重的强人来保护，在艺术圈子里是没法混的。显然，切萨雷·波吉亚正是这种人选。

莱奥纳多颇为欣赏那种意志坚强、精神独立、为成功不择手段的境界，他结识的猥琐诗人卡米利、魔术师兼段子手托马索乃至权势显赫的卢多维科·斯福尔扎公爵，莫不如此。

因此，时隔三年再次与这位充满活力的年轻统治者见面，相信他们会一见如故，一拍即合。

现在，莱奥纳多已经从佛罗伦萨出发了，他将在乌尔比诺拜会切萨雷·波吉亚。集艺术家幽默和工程师智慧于一身的莱奥纳多，一定会博得新主人的欢心吗？我们拭目以待。

心思缜密的莱奥纳多并没有直奔乌尔比诺，而是迂回考察了切萨雷·波吉亚新筑立的防御工事。不然，见到了年轻的君王说些啥呢？你看，佛罗伦萨派出的不仅是文化外交官，还是军事工程师和建筑师呢。

与给卢多维科·斯福尔扎公爵写自荐信不同，莱奥纳多这次是真心希望在切萨雷·波吉亚的麾下发挥军事工程师才能。他的新主人正忙于攻城略地，洗劫一个个的城镇，因此急需无坚不摧的利器和坚固无比的堡垒，而这正是莱奥纳多所长，他很乐意在这方面有所作为。

从莱奥纳多的笔记本中我们观察到他此次的行踪——他从佛罗伦萨向西南前往沿海小镇皮翁比诺，在那里，他接到切萨雷·波吉亚的指令，协助修筑了小镇坚固的城墙和塔楼等防御工事；随后他又到了内陆城市阿瑞佐，并继续向东穿过亚平宁山脉，为绘制切萨雷·波吉亚部队的行军地图收集地形数据，观察了周边的景观和地貌。最后，莱奥纳多到达了乌尔比诺——这个位于意大利东海岸的山城。

此次见面距离他们第一次米兰相见已过了三年。

久别重逢。

他和年轻的君主都没有在镇上逗留太久，这座刚刚被切萨雷·波吉亚军队征服的意大利中部城镇，城中的骚乱并没有停息，流血事件不断发生，切萨雷·波吉亚担心夜长梦多，何况战事吃紧，他更无心久留。

几天后，莱奥纳多转身北上前往切斯纳方向。在他的笔记本中我们看到了接下来的三个星期行程。作为工程师的莱奥纳多，每到一处都会花大量时间去测量和画下诸如堡垒、桥梁、蓄水池等军用或民用建筑；也会抽时间去当地图书馆或以其他方式去发现和研究他未见过的东西；作为艺术家的莱奥纳多，他会去观赏海景、在乡间小路上散步，或是研究波涛、风暴和海潮的关系，或是考察当地的民俗。总而言之，此时的莱奥纳多朝气蓬勃、充满活力，满脸倦意一扫而光！与佛罗伦萨整天面朝画板发呆相比，代之而来的是多么充实而忙碌的生活啊。

8月，切萨雷·波吉亚大帝为莱奥纳多签发了特别通行证，下令所有部队、城邦、军事要塞及一切行政机构的官员们，对于通行证持有人——卓越的工程师和建筑师莱奥纳多及其一行——给予通行上的便利和热情的接待。莱奥纳多可以自由穿越意大利中部战区，可以考察一切他认为需要考察的军事设施和战略装备。而且，所有的工程都要按他的指示办，违者严惩不贷。

20 年前莱奥纳多给米兰公爵写自荐信时就怀揣着军事工程师的梦想，切萨雷·波吉亚让他梦想成真——不仅被委以重任，而且还赋予了大权，现在终于有机会转型成为一名实业家，他不再是画家，而是无人企及的伟大的军事工程师和建筑师。

从此，莱奥纳多几乎寸步不离地跟随切萨雷·波吉亚——这已从他的笔记中得到证实。接下来，他也不再是纸上谈兵，而是实实在在帮助切萨雷·波吉亚设计和建造整个战区的防御工事。

数学家卢卡·帕乔利（Luca Pacioli）告诉过我们一件事：一条大河挡住了切萨雷·波吉亚军队的前进，河上不仅没有桥梁，连适合架桥的材料也难寻踪迹。除了河滩仅有一堆木材之外，莱奥纳多没有使用任何铁质构件、绳索，而是巧妙地利用这堆木头设计制造了一座坚固的桥梁，保证了军队通过那条阻挡他们的宽阔河流。

莱奥纳多第一次把他耗费几十年心血的研究付诸实施。这座桥应该是他设计制造的第一件实物。当然，我们承认他在米兰期间有过一些实体建筑，但从未达到他目前的规模和高度。

新生活很充实但也艰辛，莱奥纳多心满意足。

然而，辉煌的军事工程师生涯到了 1503 年 3 月却戛然而止。

我们不知道什么原因让他们分道扬镳。

是主人不再需要他而解雇了他？是莱奥纳多预感切萨雷·波吉亚来日无多而自行离开？人们更愿意相信是莱奥纳多目睹了切萨雷·波吉亚的暴虐和滥杀无辜后，心生反感或受良心所谴责而主动背离的。因为他写道："让我从这场残酷的战争中解脱出来吧，这是最野蛮的疯狂。"

不过，对于莱奥纳多军事工程师的梦想而言，他确实过了一把瘾。

蒙娜丽莎

1503年3月，莱奥纳多回到了佛罗伦萨，回到了他所熟悉的画家圈子，当然，也回归到了他作为一位意大利著名画家的气场中。我们在欣赏莱奥纳多的巅峰之作——美丽而神秘的《蒙娜丽莎》时，这是不得不交待的背景。

很幸运，我们对这幅画的委托人略知一二。

生于1479年的丽莎·德尔·乔贡多（Lisa del Giocondo）是一名大家闺秀，她的家庭安东玛利亚·盖拉尔迪尼（Antonmaria Gherardini）家族在佛罗伦萨绝对是钟鸣鼎食的人家。1495年，丽莎与一位做丝绸贸易的富裕商人弗朗切斯科·德尔·乔贡多（Francesco del Giocondo）结婚。弗朗切斯科是二婚，从商之前曾在佛罗伦萨重要部门担任过公职。

1503年4月，生意红火的弗朗切斯科买了一栋房子，在携爱妻和三个孩子乔迁新居时，他看到大厅一面空白的墙壁，于是想到了莱奥纳多，想请他为自己的妻子丽莎画一幅肖像挂在上面。

弗朗切斯科凭什么能够请到大名鼎鼎的莱奥纳多为他妻子作画呢？因为两家是世交——塞尔·皮耶罗一直是弗朗切斯科·德尔·乔贡多家族的公证员，而且在多起法律纠纷中作为代理人，有着现代社会私人律师的意味。另外，两家除了关系密切外，且都与圣母领报大教堂有交集。

尽管如此，商人弗朗切斯科永远不要指望这幅画会如期挂在他家的那面白墙上。这幅画历时 16 年，直到 1510 年或者之后才最后完工，而此时莱奥纳多已离开了佛罗伦萨。这幅画作为莱奥纳多艺术生涯的巅峰之作，他从未打算把它交到订货者手里；相反，在动笔之后的 16 年间，一直跟随着他辗转于各地，并不断地润饰和完善。

这是他一贯的作风。

如今，《蒙娜丽莎》（见彩图 10）当之无愧成为世界

趣闻

蒙娜是一种敬称，相当于现在“夫人”或“小姐”的意思。“蒙娜丽莎”意即“丽莎小姐”。

最伟大、最著名的绘画杰作。其实，这幅画在当时就引起了极大关注，我们从著名传记作家乔尔乔·瓦萨里的大篇幅赞美中可见一斑。在莱奥纳多不断润饰的过程中已出现了追随者或其弟子的摹本——尽管他一直把它带在身边直至生命终结。对光影的娴熟运用，对色彩的精细处理，对人物创意的把握，还有画中人物那最神秘、最迷人的笑容，使得《蒙娜丽莎》焕发出超凡的力量，具有超越时代的先驱意义。

趣闻

1911年，30岁的卢浮宫油漆工匠温琴佐·佩鲁吉亚（Vicenzo Peruggia）利用工作之便，经过处心积虑谋划后，成功盗走了这幅世界名画。爱国的意大利人温琴佐·佩鲁吉亚坚信，莱奥纳多最优秀的肖像画作品应该留在意大利。两年后，他试图把藏匿的赃物卖给佛罗伦萨乌菲齐画廊时，被警方抓获。

如果说，《蒙娜丽莎》被盗时只能算是一幅杰出的古典绘画，而当它回归时，便成为无价的稀世珍宝。

莱奥纳多与米开朗琪罗

在短暂回到佛罗伦萨的这段时间里，莱奥纳多承揽的订单中不只是《蒙娜丽莎》未完成，圣母领报大教堂修士们委托的那幅画不是也一直束之高阁吗？虽说是因与切萨雷·波吉亚的交往和军事工程师的旅行耽搁了，但莱奥纳多不也是不打算接着往下画吗？显然，他的兴趣仍在《蒙娜丽莎》上，况且，他又接下了一个新活儿。

1503 年 10 月，莱奥纳多接到一份委托，在维奇奥宫的佛罗伦萨议会大厅绘制一幅大型壁画，描绘安吉亚里之战（Battle of Anghiar）的战争场面。该战争发生于 1440 年，佛罗伦萨军队在与米兰军队的旷日持久的战争中击败了对手。

然而，这件本可成为莱奥纳多一生中标志性作品之一的新项目，其下场仍然是半途而废——与他 1500 年回到佛罗伦萨后的所有项目殊途同归。不同的是，莱奥纳多其实完全有理由完成这个委托。

安吉亚里之战是佛罗伦萨历史上一场著名的战斗，也是佛罗伦萨取得的屈指可数的胜利之一。为了纪念这一伟大胜利，执政者计划在同一个大厅里绘制两幅壁画———一幅委托给莱奥纳多，另一幅交给崭露头角的画家米开朗琪罗·博那罗蒂（Michelangelo Buonarroti），就此，莱奥纳多与年轻的米开朗琪罗展开了对决。

这件事从一个有趣的视角让我们了解两位艺术家的鲜明个性和迥异的风格。

米开朗琪罗代表了莱奥纳多离开这座城市 18 年间涌现出的新一代艺术家，他的年龄只有莱奥纳多的一半。成年后的米开朗琪罗仰慕莱奥纳多在米兰取得的辉煌成就，当然，也试图挑战一下莱奥纳多的佛罗伦萨顶级艺术家的地位。毫无疑问，佛罗伦萨执政者预感了这两位艺术家之间的竞争（毕竟，竞争越激烈，两幅画就画得越好）。不幸的是，执政者引入了竞争机制的动机导致了对抗。对于莱奥纳多而言，米开朗琪罗傲慢，缺少经验和过于自信；对于米开朗琪罗来说，莱奥纳多老套，陈旧，与顶级艺术家的地位不配。两人彼此生厌，关系紧张。

这种厌恶感甚至蔓延到公众视野中。一天，一群男人正在佛罗伦萨的中央广场议论但丁书中的一段文字，莱奥纳多从此走过，他们邀请莱奥纳多谈谈对这段话的理解。恰好米开朗琪罗此时也经过这里，莱奥纳多说："也许米开朗琪罗能为你们解释吧！"米开朗琪罗年轻气盛，认为莱奥纳多是想让他出丑，反驳道："不，你自己解释一下吧——自己设计出的青铜马雕像，自己却做不出来，不得不耻辱地放弃。"

米开朗琪罗毫不客气地捅到了莱奥纳多的痛处。

尽管气氛令人不舒服，莱奥纳多仍然着手布置《安吉亚里之战》壁画的准备工作，随之，他和他的学生精心设计和画了一些草图，有各种战斗的场面，有士兵们丰富的表情。1504 年春天，他正式开始动笔了（见彩图 11）。

然而，命运不会让这位伟大的艺术家花更多时间在这幅壁画上。

1504 年 7 月 9 日，莱奥纳多的父亲塞尔·皮耶罗去世了。

父亲去世

“塞尔·皮耶罗·达·芬奇于1504年7月9日去世，星期三第7个小时。”

这是莱奥纳多为他父亲去世所写的一行字。

塞尔·皮耶罗的财产和现金全部分给了他的11名子女，而私生子莱奥纳多却未获得分文。此举在情理之中、无可厚非，但莱奥纳多内心仍忿忿不平、难以释怀。几周后，他去了芬奇镇。

生母卡泰丽娜离开人世已经多年，她的死在莱奥纳多的内心并没有激起多少波澜，而父亲的去世却让他心绪难平、悲痛异常，他想去拜访那个曾经比他父亲还像父亲的人——叔叔弗朗切斯科。

膝下无子的弗朗切斯科早在1492年就与塞尔·皮耶罗签署过一项协议。协议附有弗朗切斯科的遗嘱，表示他所有的财产将来留给塞尔·皮耶罗的11名合法子女。当得知莱奥纳多在塞尔·皮耶罗遗产分配中一文不名时，叔叔弗朗切斯科改变了主意。莱奥纳多8月回到芬奇镇时，弗朗切斯科当面重新签署了一份遗嘱——将他所有的财产全部留给莱奥纳多。

莱奥纳多如同他的亲生子一般。

莱奥纳多在芬奇镇小住了一段时间。

在佛罗伦萨，他有一堆未完成的画稿和催稿的客户，有总是伺机侮辱他的讨厌鬼米开朗琪罗，还有父亲不散的阴魂，他备感压抑，他想利用这个机会隔离城市的喧嚣，潜心养性，洗掉心中的晦气。在芬奇镇逗留了一段时间之后，他又前往沿海的小镇，沿途写生素描画草图，勾勒建筑物的轮廓，借此分散父亲去世带来的悲痛及琐事带来的烦恼。然而，心头的积郁并没有随着旅行而化解，1504 年底，他回到了佛罗伦萨。

想着逃避

短暂的假期回来后，莱奥纳多立即全力以赴投身他的创作之中——在维奇奥宫里，他不知疲倦地画着《蒙娜丽莎》。几个月后，他又全身心地投入了《安吉亚里之战》的创作。他身边聚集了学徒和助手，托马索也在帮他干一些打磨墙壁、混合涂料等杂活。然而，因心情抑郁和与米开朗琪罗的关系紧张等原因，《安吉亚里之战》的进展速度并没如佛罗伦萨执政当局所愿，1505年6月，佛罗伦萨官员们的不耐烦情绪已经日益表面化，而莱奥纳多的厌倦和不满也愈加强烈，一件琐事点燃了导火索——一天，市政厅的出纳员在支付莱奥纳多月薪时付给了他一堆小硬币，莱奥纳多当时情绪失控，大发雷霆吼道："别用这些碎银打发叫花子。"至此，项目业主和画家的关系迅速恶化。

在米兰瘟疫大暴发时期，或是情绪低落、心情沮丧的日子，莱奥纳多总会推掉一切社交活动，停止所有的绘画创作，宅在家里发呆。现在，这种感觉又向他袭来，他花在绘画上的时间越来越少，发呆的时间越来越多。然而，发呆并不意味高速转动的大脑有片刻懈怠，他的注意力转向他20年前放弃的"宠物"项目——研究"载人飞行器"。经过多年对鸟类飞翔的观察，莱奥纳多认定他掌握了飞行的奥秘，而且当时他已经画出了降落伞的草图，自信可以让一个人安全地从恐怖的高度飘浮下来。这一次，莱奥纳多想制造一台机械装置，能够让人类像鸟一样在空中飞行。

确实，他的草图展示了“载人飞行器”的各种可行性，蕴含着大量的科技信息，但遗憾的是没有一项能够如愿飞上天空，比如螺旋形的飞行器及一些机械装置，通常只考虑了前进挡而没考虑倒挡，在现实中难以实现。其中，最接近现代滑翔机的一项设计是可乘载一人的空中滑行装置，但丝毫没有考虑动力装置。

1505年初，莱奥纳多和他的助手曾经测试过这台空中滑行装置的可行性，他在笔记本中兴奋地写道：“这只大鸟将在峡谷深处首次试飞，一旦成功，将名扬四海，震惊世界，并将永恒的荣耀带到它出生的地方。”不幸的是，这只“大鸟”似乎并没有飞起来——我们无从知晓“试飞”是否成功，是否有人员伤亡，甚至到底“试飞”了没有。没有任何可靠的消息来证明“试飞”这件事，而接近真实的推测是：“大鸟”在展翅高飞之前就解体了。

失败的“飞行器”只会使莱奥纳多更加焦躁不安。

他回到了佛罗伦萨的目的是渴望在家乡找到一个发展机会，让他延续在米兰的事业和生活方式，但家乡很快让他沮丧失望，于是，他逃到一个“军事工程师”的混乱且满足的生活状态中，但好景不长，他再次失败。然后，他把自己扔进了一组新画的创作中，但是父亲的去世及米开朗琪罗之流的捣乱挑衅——加上他自己内心固有的不安，他的心绪糟糕透了。

在佛罗伦萨已经山穷水尽。

1506 年初，莱奥纳多决定再次离开他年轻时奋斗过的城市——就像 20 多年前他的义无反顾一样。

第九章

莱奥纳多与法国人

从某种意义上说，莱奥纳多度过青年时代的这座城市消磨了他的意志，于是，他的目光再次投向了佛罗伦萨厚厚的城墙之外。

寻找出路。

可以说，一幅旧作引起的争端是他冠冕堂皇重返米兰的理由，也是令他摆脱佛罗伦萨困境的一个契机。诸位还记得我们曾经提过莱奥纳多与普雷迪斯兄弟工作室合作的事情吧？也一定记得大型油画《岩间圣母》的事吧？

是的，就是这件事。

1482 年莱奥纳多第一次到米兰打拼，就是和普雷迪斯兄弟工作室合作的。1483 年 4 月，受米兰一宗教机构的委托，莱奥纳多与安博洛奇奥·德·普雷迪斯共同为圣弗朗西斯科大教堂画一幅祭坛画，这就是举世闻名的大型油画《岩间圣母》。作品完成后，委托方向莱奥纳多二人支付了 800 金币的酬劳，然后，在圣弗朗西斯科大教堂展出了这幅美丽的杰作。不料，麻烦来了——两位画家坚称入不敷出，这点儿报酬连他们花在材料上的费用都不足以抵销，何谈赚钱？换言之，这幅祭坛画的价值远超 800 金币，

他们认为上当受骗了，于是把事情闹到了卢多维科·斯福尔扎公爵那里。对方很快妥协，答应再支付 100 金币作为补偿，条件是莱奥纳多和安博洛奇奥·普雷迪斯照原样再绘制一幅摹本，供教堂展示。

据传，卢多维科·斯福尔扎公爵留下了这幅祭坛画的原图。

时过境迁，莱奥纳多的兴趣早已转移，不安分的目光游移到比这更重要的项目上，比如爵爷的青铜马雕像之类，这件事就单凭安博洛奇奥·普雷迪斯的一己之力了。接下来的几年里，他劳神费力搞出了复制件，谁知送到了委托方手里后，对方根本不认可。客户认为莱奥

纳多的手笔根本没有接触过这幅画，他们拒绝向安博洛奇奥·普雷迪斯支付酬劳。

于是，两人告到法庭，旷日持久的官司开打。

法国人来了，不得不处理。

1506 年 4 月，这起案子终于有了结果。法庭裁定，认可委托方的意见。这幅画缺乏足够的伦巴第风格，因此“不完善”，也可以理解为“未完成”。如果莱奥纳多和安博洛奇奥·普雷迪斯要获得报酬，莱奥纳多必须返回米兰，进行最后的润色。

莱奥纳多没有抱怨

1482 年，莱奥纳多第一次离开佛罗伦萨时，留下了《荒野中的圣杰罗姆》（三个多世纪后被拿破仑的叔叔、红衣主教约瑟夫·费什找到的那幅“未完成”作品，已经被切成几块，散落在整个城市）和《三博士来朝》的一幅草图，加上根本没有动笔的圣多纳托教堂的那份订单。1506 年 5 月他再次离开这座城市时，留下了大型壁画《安吉亚里之战》和《蒙娜丽莎》等未竟之作。表面上看，这次回到米兰是要处理法律纠纷，一个无懈可击的借口，实际上他是在遵从内心的召唤，不想再纠缠在战斗场景里，不想和年轻的雕塑家钩心斗角及不想面对同父异母的血亲。

他随身带走了《蒙娜丽莎》，希望能在以后的人生旅行中完成她。

佛罗伦萨的执政当局极不情愿让他们的宝贵人才、顶级艺术家莱奥纳多离开这座城市，但摄于法国国王路易十二的淫威又不敢违抗，于是，他们与莱奥纳多签署了一份协议，让他三个月内务必返回佛罗伦萨，否则将面临巨额罚款。

对于莱奥纳多而言，这份协议简直如同一张废纸。他的整个职业生涯中签过无数份这样的协议，履约与否完全看心情。至于佛罗伦萨行政长官为什么坚信莱奥纳多会遵守这个协议，目前仍是个谜。

人才流动无法阻止。佛罗伦萨当局别无选择，莱奥纳多将一去不回头。

莱奥纳多，我的朋友

1482年来米兰闯天下时，莱奥纳多是名不见经传的年轻艺人，手中只有一纸自荐信附上编造的简历，加上一把自制的马首里拉琴。这一次重返米兰，是作为亚平宁半岛功成名就的艺术家回归，得意自豪、器宇轩昂自不在话下。

驻扎米兰的法国军队张开双臂热情欢迎他凯旋。

1499年法国军队攻陷米兰时，莱奥纳多并没有对于新征服者持不合作的态度，而是一边与其周旋一边另寻出路，毕竟多年来依靠的大树——卢多维科·斯福尔扎公爵已经沦为流寇，命运未卜，树倒必然猢狲散，自己采取不抵抗政策在当时是谨慎的做法。重要的是，莱奥纳多的内心并不讨厌他们。

他1501年回到佛罗伦萨定居时（在为切萨雷·波吉亚短暂担任军事工程师之前），莱奥纳多接受了法国国王路易十二的宠臣弗洛里蒙·罗贝特（Florimond Ro-bertet）委托，创作了油画《纺车边的圣母》（*Madonna of the Yarnwinder*），这幅画在莱奥纳多的画作中是表现层次最丰富的杰作之一，被后来的画家大量复制模仿。该画被送到法国宫廷后，深受国王的喜爱，罗贝特本人更是非常珍惜，自豪地向他的各位朋友展示。

1506年法国人如此兴高采烈地欢迎莱奥纳多重返米兰，这幅画是重要原因之一。

法国新任米兰总督查尔斯·德安布瓦兹非常乐意利用关于《岩石圣母》两个版本的争议，将莱奥纳多拉到法国

一家之言

法国国王路易十二对莱奥纳多的作品青睐有加，当他第一次看到《最后的晚餐》时，如同着魔一般被迷住，竟然萌发把这幅壁画带回法国，据为己有的念头。

国王决定不惜一切代价把这面墙运到法国。于是，一群工程师、建筑师想尽了各种方法，筹集了足够的木材和铁架，花费高昂也在所不惜。然而，毕竟是在墙上完成的画，在当时的交通状况下把一堵墙安全运到千里之外，还要确保墙上的壁画完好无损，确非易事。国王陛下留下无限的眷恋和深深的遗憾后，只得作罢。

人身边。莱奥纳多也是你情我愿，很快就在总督府安顿下来，再次开始文艺复兴时期艺术家的定居生活并定期收到国王支付的报酬。当初离开佛罗伦萨，或许只是不想做井底之蛙只看见井口上的那块天空，而现在，他目标非常明确、追求坚定执着，对他年轻生活过的城市的认识也清晰明了——那是一个值得回忆的地方，但现在对于成熟的艺术家却没有更多值得利用的价值。米兰的天地广阔，先是卢多维科·斯福尔扎公爵，现在是法国国王路易十二，他们给予莱奥纳多足够的空间和金钱，鼓励莱奥纳多实现个人发展的每一个梦想。

比起佛罗伦萨，米兰更像自己的归宿。

莱奥纳多很快意识到，法国驻米兰总督查尔斯·德安布瓦兹可能是可供自己乘凉的一棵大树。这位年轻的法国贵族是花花公子，有较高的艺术修养，非常钦佩莱奥纳多的才华。

协议规定的三个月期限已经临近（在此期间，那幅画的法律纠纷应该解决了），莱奥纳多决定不回佛罗伦萨。查尔斯·德安布瓦兹给佛罗伦萨当局发出了公函，表示："尽管有事先的承诺”，但莱奥纳多还会在米兰多留一段时间。佛罗伦萨默许了这一要求，但至10月，发现莱奥纳多仍逾期不归，佛罗伦萨行政长官索代里尼失去了耐心，写信给查尔斯·德安布瓦兹要求莱奥纳多立刻返回，似乎莱奥纳多是佛罗伦萨的专属物品。

莱奥纳多听到此事后耸耸肩，不屑一顾。米兰法国当局对他十分器重——不是用一个个的项目把他拖住，而是尊他为德高望重、受人尊敬的年长大师（此时莱奥纳多已经54岁）。大事小事都会去问问莱奥纳多的意见——从乡村花园和教堂的新建设计到个人肖像绘画等，莱奥纳多都是不可或缺的指点迷津之人，经常被他的崇拜者所包围。这是他自7年前离开米兰以来第一次感受到的殊荣——作为切萨雷·波吉亚军事工程师的短暂经历除外——人们对莱奥纳多的景仰不仅是因为他的绘画艺术。

法国人不会让莱奥纳多回到那些不赏识他，甚至虐待他的人身边。当佛罗伦萨的执政者欲继续折腾这件事时，法国国王路易十二亲自出面了。国王召见佛罗伦萨

一家之言

1506年12月，查尔斯·德安布瓦兹总督在给佛罗伦萨当局的信中表示，莱奥纳多在米兰深受爱戴，对于他们来说是无价之宝：

“你们的同胞莱奥纳多在米兰完成的优秀作品，让所有人叹为观止……我承认我以前没见过他，但我对他已经爱戴有加了。既然现在有机会与他相处，亲眼看到他展示技艺，我确实发现，他在其他知识领域的才华丝毫不比绘画逊色，他的非凡名望被埋没了，没有达到他应有的高度。”

听起来，倒像是对佛罗伦萨当局的一种委婉的指责。毕竟，那些忽略莱奥纳多的艺术才华、小瞧他在其他领域天赋的人，正是他的佛罗伦萨的“同胞”。莱奥纳多的旷世杰作绝大多数出自在米兰生活时期，《维特鲁威人》《最后的晚餐》《蒙娜丽莎》等，莫不如是。如果说，佛罗伦萨养育了一个男孩，米兰则把这个男孩培养成了世界级艺术家，成为文艺复兴时期最伟大的偶像。

驻米兰大使，明确表示，法国和佛罗伦萨之间能否保持良好关系取决于莱奥纳多的去留。

尽管很沮丧，佛罗伦萨当局只能答应自己军事保护人的要求。

别无选择。

不好的血统

1507 年夏天，莱奥纳多短暂回了一趟佛罗伦萨。

是为了去画《安吉亚里之战》吗？显然不是。唯一的原因是参加他叔叔弗朗切斯科的葬礼，还有，落实三年前弗朗切斯科向他许诺的合法继承权事宜。我们知道叔叔弗朗切斯科就像莱奥纳多的代理父亲（尽管年龄只能算是兄长）一样照顾他，当得知莱奥纳多没有从父亲那里继承任何财产时，他修改了遗嘱把自己的财产留给了莱奥纳多。然而，此举引起了同父异母兄弟的不满，为了争夺这部分遗产，他们向法院起诉了莱奥纳多。

法国人再次出手相救，佛罗伦萨法院的收件箱被来自米兰和法国的官方信件塞满了。他们希望“亲爱的，深受爱戴的”（法国国王路易十二开始这样称呼）莱奥纳多大师尽早返回米兰。

法国皇室的援助似乎效果不大，佛罗伦萨法院审理案件的效率仍然如龟速一般。与其无所事事等待裁决，不如利用空闲做点什么，莱奥纳多不愿浪费这段时间。此次回来，他是住在一位富有的艺术赞助人家里。这位名叫皮耶罗·迪·布拉西奥·马尔泰利（Piero di Braccio Martelli）的数学家，乐善好施，赞助了包括莱奥纳多在内的许多艺术家。后来，莱奥纳多又搬进了“同门弟子”吉奥凡·弗朗切斯科·鲁斯蒂奇（Giovan Francesco Rustici）的家里，鲁斯蒂奇也曾在安德里亚工作室当过学徒，当然是莱奥纳多离开多年以后的事了。鲁斯蒂奇性格幽默，容易接受新事物，他们两人相处得很好。

莱奥纳多没有从父亲的遗产中获取分文，最终，从叔叔弗朗切斯科那里得到芬奇镇以东的一块农田和部分现金，应该说，他是这场遗产诉讼案的赢家。然而，对于莱奥纳多而言，这起诉讼案胜诉的意义远大于实际分到的财产，这是他坚持强硬态度的原因。作为私生子，从出生的那一刻起就面临着两个世界——身份的合法性和能否得到生身父母的爱，以及如何处理两个家庭和一群同父异母的兄弟

趣闻

30岁的鲁斯蒂奇工作室看起来像挪亚方舟，室内养了不少动物——一只老鹰，一只模仿人说话的鹦鹉，还有蛇及一只被当作宠物的豪猪。

在等待法院判决的日子里，莱奥纳多与马尔泰利一起研究数学，与鲁斯蒂奇一起研究解剖学。他还利用这段空闲时间整理了笔记本上随手记下的大量信息。法国人对这场遗产官司久拖不决正在失去耐心，莱奥纳多是他们不可或缺的人。莱奥纳多判断复活节之前定会尘埃落定，正如他所料，佛罗伦萨法院终于做出了判决。1508年4月，莱奥纳多返回米兰。

之间的关系，甚至还有被歧视的弃子的境况。然而，莱奥纳多从来没有游离在这两个世界之中，而是另辟蹊径，开拓新的人生之路。这条路上，有溺爱和理解他的叔叔，有威严而又富有同情心的铁腕赞助人，有一群热情豪爽、性格各异的朋友，他选择了艺术，选择了友谊，他建立的商业关系给他带来了充实的生活。

叔叔走了，遗产诉讼结案。

从来不受两个世界幽灵影响的莱奥纳多，毫无牵挂地离开了佛罗伦萨，他回到自己创造的世界里，继续他精彩的生活。

回到米兰：辞旧迎新

回到米兰，回到了他熟悉的生活中，莱奥纳多在米兰郊区的一座教堂附近建立了自己新的工作室，这位国宝级艺术家定期收到法国国王支付的报酬，身边聚集了学徒、助手还有已经长大成人的“小恶魔”萨莱等人。

岁月静好。

我们对莱奥纳多身边的年轻人了解不多，但是，乔瓦尼·弗朗切斯科·梅尔兹（Giovanni Francesco Melzi）却是不能忽略的。这位英俊的男孩 15 岁时被莱奥纳多收养，成为伟大艺术家的助手和私人秘书，负责起草文书、整理笔记、安排会见洽谈及处理艺术工作室的日常事务，而且，还跟着大师学习绘画。莱奥纳多的余生一直有梅尔兹相伴，他愿意把自己的财产、笔记、知识和智慧传给梅尔兹。梅尔兹是大师忠诚和贴心的伙伴，最信赖的人，亲密关系超过了萨莱。

摆脱佛罗伦萨的家中琐事后，莱奥纳多将彻底跟往事告别。要做到一切从头开始，他必须把过去几年缠绕他、拖累他的大小项目清零。各位还记得当初为佛罗伦萨圣母领报大教堂设计的那幅祭坛画吧？这幅画的草图已经于8年前完成，当时还举行了展示会，揭幕当天参观的人群络绎不绝，备受瞩目，我们对此不再赘述。重要的是莱奥纳多现在要将这幅草图变成一副真正的大型油画。这幅如今

趣闻

乔瓦尼·弗朗切斯科·梅尔兹出身米兰近郊的一个富裕显赫的家庭。父亲吉罗拉莫曾担任法国军队的军官。梅尔兹15岁时遇到了莱奥纳多，当他提出成为莱奥纳多的养子进入艺术家的私生活时，他的家人想必会惊掉下巴。奇怪的是，梅尔兹的父亲和整个家族没有任何异议，爽快同意了。以梅尔兹家庭的眼光来看，能够师从意大利最具创造力的艺术家是千载难逢的机会。

被称为《圣安娜、圣母与圣子》(*Virgin and Child with St. Anne*)的大型油画完成后，莱奥纳多一直将其珍藏在身边，直到真正识货的艺术鉴赏家(或者愿意出高价的买家)出现。接下来，莱奥纳多的精力集中在《蒙娜丽莎》上，于1510年左右完成了这幅举世闻名的肖像画最后的润色。

如同《圣安娜、圣母与圣子》一样,《蒙娜丽莎》也一直没有离开莱奥纳多身边，直至他生命终结。

当然，如果他全神贯注于这些画作，他就不会成为今天的莱奥纳多。在完成旧项目的过程中，莱奥纳多将注意力转向了一直感兴趣的领域——水。1508年，他用一个多月的时间记录了大量的关于世界水系的笔记，结合物理学的方法，描绘了水的一般特征。艺术家此时去研究水，是因为法国国王路易十二刚刚赋予他米兰乡村运河的水税权。这份礼物允许莱奥纳多向运河附近的农民出售部分水——这是他一生最丰厚的收入。

画笔换成解剖刀

正当莱奥纳多聚精会神地给《蒙娜丽莎》进行最后润笔时，他的目光又开始游离，注意力再一次转向人体解剖学的禁忌话题。任何项目都不能与他对人体解剖学投入的热情和付出的努力相比。如果说，1480 年是他从事自然科学研究的开端，那么 1508 年则是进入了狂热且一发不可收拾的阶段。我们无法知道莱奥纳多第一次解剖人体的具体年代，但在他 1480 年的循环系统图中至少证明他目睹了人体解剖的全过程。他的兴趣从未减退过，他的研究越来越深入——起初，他作为艺术家，感兴趣的是人体力学，包括外形、姿势、运动状况、骨骼构造等；而现在，他探索的则是人的生命过程——生与死的本质。在佛罗伦萨创作大型壁画《安吉亚里之战》时，他还抽空到了圣玛利亚医院，目睹医生解剖尸体的全过程，甚至有人怀疑有几次他偷偷拿起了手术刀。现在，回到米兰，他无忧无虑，可以完全沉浸其中了。

1508 年底，莱奥纳多承认解剖了 8 具尸体。

文艺复兴时期的米兰，不难找到解剖研究用的尸体

即使不考虑瘟疫暴发的因素，在当时的医疗水平和卫生条件下，人类的预期寿命与今天相比也是无法想象的低下。那些不幸的人们为莱奥纳多的研究提供了所需的样本。他在医院解剖过婴儿、少年和老人的尸体，也解剖过被绞死的罪犯的尸体，尽管开膛破肚的工作令人毛骨悚然，但莱奥纳多精细的操作和对细节的关注，使他采集了丰富的人体信息，为揭示人体运行的奥秘积累了一手资料，这在当时是前所未有的。比如，他写出了医学史上第一例关于动脉硬化的报告，他是发现人的动脉会随着年龄增长而逐渐退化的第一人；他深入研究了人体器官功能及这些器官损伤所带来的疾病；他不仅描绘了骨骼和肌肉，而且从中发现血液流动的规则。人体的秘密被他一步步揭开，他越来越兴奋、越来越惊奇、越来越感叹——造物主的作品如此完美精细，令人叹为观止，“没有一件多余或不完美的东西”。

他承认，在1508年至1517年间，他至少解剖了30多具尸体。这意味着他在尸体的腐臭中度过了多少个白天和夜晚，他的笔记本上充斥着形态各异的人体和各种器官的草图，以及他在草图旁记下的思考或批注。

乌云又起

1511年，意大利北部阴云密布，莱奥纳多的运势开始不顺起来。那一年，他在米兰的最大赞助人——查尔斯·德安布瓦兹总督突然英年早逝。虽说法国国王的赞助很快填补了莱奥纳多资金上的空缺，但毕竟此一时彼一时，他不能像在查尔斯·德安布瓦兹手下那样自由自在了。而且，这仿佛是暴风雨即将到来的预兆，命运或将发生改变——就像十几年前莱奥纳多在米兰时一样，世事如棋，可谓“祸兮福所倚，福兮祸所伏”。

两年后发生的一切证实了这个道理。

第十章

最后的旅行

莱奥纳多宁静的生活再一次被打破。

思想和艺术的利剑可以穿透人类认知的局限，但无法抵御庞大的战争机器和军队。法国与意大利城邦之间关系恶化，武装冲突再度爆发。各城邦与罗马教皇形成的同盟被称为“圣盟”，他们雇用瑞士人作为雇佣兵与法国军队作战。瑞士雇佣兵出身贫寒，纪律严明，骁勇善战，很快夺回米兰附近被法国占领的土地。1511 年 12 月 16 日，圣盟的军队把距离米兰仅 10 英里的德西奥镇夷为平地。莱奥纳多看到火光冲天，橙色的火光与晨曦交相辉映的景况，他在笔记本中画下了这个场景。1512 年，法国和意大利雇佣军在拉文纳市附近爆发了更大规模的武装冲突，法国失去了对米兰的控制。

大规模军事冲突随之造成社会动荡，个人命运宛如汪洋中的一叶小舟，只能随波逐流。莱奥纳多通常是采取远离战乱之地的策略躲避可能遭受的伤害，十多年前法国军队入侵米兰时，他逃到乡村，躲进葡萄园或其他果园中，减少法军进驻米兰市区时带来的伤害，然后再观察形势，顺势而动，找到新的靠山。

这一次他同样如此。他和助手们来到了乔瓦尼·弗朗切斯科·梅尔兹——他最喜欢的助手和养子的乡村别墅。这幢美丽的别墅是梅尔兹生父的，他显然不介意他的房子被艺术家和他的团队所占用。莱奥纳多和他的助手们在这座别墅里舒适地度过了1512年的大部分时间。我们无从知晓他们做了些什么——莱奥纳多的笔记本上没有更多的记载。

1512年底，法国人终于被驱逐出了意大利。斯福尔扎家族再一次重返米兰政坛，登上了统治者的宝座。这次当然不再是卢多维科·斯福尔扎公爵——他已殒命他乡数年了。1512年12月29日，他的儿子马克西米亚诺·斯福尔扎宣布斯福尔扎家族的统治重新开张。

后继有人。

隐居在乡村别墅的莱奥纳多已经年满60岁，他英俊的脸庞和飘逸的长发怎样才能名垂史册呢？他应该坐下来考虑画一幅自己肖像画的事宜了。此时陪伴在他身边的人都是他最信任的弟子和助手，他会挑选谁来承担这个流芳千古的艰巨任务呢？除了乔瓦尼·弗朗切斯科·梅尔兹之外好像别无他人。梅尔兹在大师的指导下已经能够熟练运用绘画技巧了，果然不负大师的期望画出了肖像画。

在这幅用红粉笔和墨水描绘的肖像画中，60岁的莱奥纳多依然英俊潇洒，长长的卷发、浓密的胡须、坚挺的鼻梁，都凸显了莱奥纳多睿智优雅、坚强刚毅、充满活力的特点（见彩图13）。

莱奥纳多坎坷而又辉煌的一生接近尾声。

接下来的7年，莱奥纳多的身体急剧衰老和虚弱，在硕果累累的金秋季节里，他的生命提前进入了严冬。然而，他的大脑依然闪烁着智慧的光芒。

趣闻

60岁在当时已算是高龄了。据统计，当时意大利艺术家的寿命大多数不超过65岁，而对于处在贫困和焦虑中的人而言，死亡来得更快。

熟悉的名字

莱奥纳多于1513年初返回米兰，但只是短暂停留了几天。往后的日子，他一直在米兰市和梅尔兹别墅之间来回穿梭。3月，他听到来自佛罗伦萨的消息，洛伦佐·美第奇幸存的两个儿子——乔瓦尼·德·美第奇（Giovanni de Medici）和朱利亚诺·德·美第奇（Guiliano de Medici）在流亡18年后，重新回到佛罗伦萨并且控制了最高权力。

1513年的政治局势有些诡异。

从某种意义上说，意大利北部的头面政治人物全是莱奥纳多的“老熟人”——米兰的斯福尔扎家族和佛罗伦萨的美第奇家族。

莱奥纳多受到美第奇家族的恩典已是30多年前的事情了，凭借以前的熟识关系和他的名气，1513年夏天，他突然收到了朱利亚诺·美第奇的来信。原来，是年3月，洛伦佐的长子乔瓦尼·美第奇登上了圣彼得宝座，成为教皇利奥十世。其弟弟朱利亚诺·美第奇接管了教皇卫队并把家族的一个侄子安置在卫队中，掌管着重要权力。教皇利奥十世对艺术品的挥霍无度得到弟弟朱利亚诺的支持。

朱利亚诺向“佛罗伦萨任性的儿子”莱奥纳多发出邀请，就是个中原委。

莱奥纳多欣然接受了这一邀请并于1513年9月24日乘马车前往罗马。他厌倦了靠订单支撑的生活，希望在罗马找到他的发展机会，得到他应有的地位和荣誉。他的得意门生和助手们如萨莱、梅尔兹等人悉数陪同前往。莱奥纳多还支付了运费将私人物品一同运到罗马，这些宝藏包括各种笔记、解剖学绘图、艺术品、衣服和仪器等。

永恒之城

对于莱奥纳多而言，罗马是个陌生的城市——尽管他之前访问过数次，甚至在1501年还专程来旅游，度过了一个短暂的假期，但他从未在罗马工作和生活过。几十年前洛伦佐·美第奇忽略他、不让他参加赴罗马艺术大使团的事他依然耿耿于怀，记忆犹新。现在，“伟大的洛伦佐”的两个儿子弥补了他父亲对莱奥纳多的漠视，邀请莱奥纳多来罗马。

人口约5万的罗马城，城市规模比米兰小得多。然而，她灿烂的古代文明却令人震撼，莱奥纳多还参观过宏伟的古罗马遗址。他发现，随着执政者的更迭和新教皇的到来，新的建设项目不断上马，罗马似乎是一座“永动”的城市，每天都有新面貌出现，“永恒之城”名副其实。然而，大兴土木的背后藏匿着腐败和肮脏的交易。在这里，一切都能够交易，只要钱出到位，一切都可以买到——红衣主教，王子，哪怕教皇这种教会至高无上的核心职位。罗马是一个腐败堕落、道德沦丧的大坑，是一个表面绅士济济、仪表昂藏，实际尔虞我诈、钩心斗角的竞技场。

60 岁的莱奥纳多，一不留神踏进了连年轻人都难以生存的竞技场。

刚开始还行。

莱奥纳多一行被安置在与教皇夏宫相连的美景宫别墅住下。美景宫别墅建筑宏伟，宽敞的住房和巨大的原生态植物园堪称完美，这种舒适恬静的环境有利于艺术家们发挥想象力。

在罗马，莱奥纳多与许多老友重逢——他见到了阿塔兰特·米格利奥罗提，这位歌手是 1482 年莱奥纳多第一次从佛罗伦萨到米兰的同车旅友。除此之外，还见到了许多熟人和朋友，当然，也有敌人。米开朗琪罗作为教皇的首选艺术家，像一只踌躇满志的大鸟在罗马上空任意飞翔，况且，他并不是唯一的出尽风头的年轻艺术家，还有深受教皇宠爱的画家拉斐尔呢。过分赞美莱奥纳多的法国人并没有教会他如何在竞技场拼杀。

我是谁？我来罗马干什么？这是莱奥纳多在罗马期间一直对自己的拷问。在米兰，他几乎打遍天下无敌手——是首屈一指的艺术家，是工程师，是科学家和哲学家，他的成就涵盖多个领域，名声如雷贯耳，可以说，在米兰这条河里他是一条大鱼，而在罗马，他什么都不是，找不到自己的定位。

城市规模虽不及米兰，但罗马是意大利的权力中心，是更大的名利场。这里充满铜臭和市侩气，唯利是图、吹牛拍马、阿谀逢迎是行事准则。莱奥纳多无法在这样的世界谋得一席之地——按理说，他可以凭高超的绘画技术吃饭，像很多人一样，以一技之长在城市站稳脚跟。但是，当他环顾四周时，发现这个城市遍地都是艺术家，身边的画家一大把，好一点的项目早已被瓜分完毕。莱奥纳多甚至觉得身处美景宫的豪华房间和异国情调的花园像是一座监狱，并不是尊重的象征。

如果需要更多的证据，就是看看他的工资吧。朱利亚诺每个月只为莱奥纳多支付 33 个达克特（ducats）——而且，莱奥纳多要用这笔费用养活他的学生和助手，艺术家是必须付给助手工资的。相比之下，教皇为拉斐尔在教皇宫殿装饰每个房间支付了 1.2 万达克特！

树上腐烂的果实

对于莱奥纳多而言，这是至暗的时刻。

他写下的神秘句子“I medici me crearono edesstrussono.”后来被传记作家当作他苦涩心情和困难处境的见证。这句话可译为：“美第奇家族造就了我，又毁灭了我。”也可理解为：“医生毁灭了我。”不管怎样理解，至少对于莱奥纳多来说可能是其中的任何一个。莱奥纳多曾写道，人们应该“努力保持身心健康。这样，就不会看医生了”。有证据表明，在此期间，他身体的老毛病又犯了，他的笔记本中记载了当地医生的名字和地址及保持健康的一些建议。

美第奇家族的所作所为是令他沮丧和失望的主要原因。可以说，洛伦佐·美第奇是莱奥纳多的贵人，在他的艺术生涯中起到了重要的作用，然而，他的儿子却将这位艺术家带到了一个悲惨的境地。

不管这句话的真正涵义到底是什么，至少说明莱奥纳多心情压抑失落，有处于黑暗之中的感觉。从他向别人开

一家之言

莱奥纳多关于健康生活的一些建议：

胃口不好时不吃东西，平时最好也少吃

细嚼慢咽

最好吃煮熟的食物和素食

是药三分毒

生气时，别在憋闷的地方待着

上厕所别憋着，也不能在厕所待太久

的玩笑中也可见一斑。传记作家乔尔乔·瓦萨里为我们讲了莱奥纳多做的一个恶作剧。

一天，园丁在美景宫花园发现了一个非常奇怪的情景——一只背上长着“一对翅膀”的蜥蜴在花园爬行，蜥蜴爬行时，背上这对翅膀还会不停颤动。原来，莱奥纳多从其他蜥蜴身上剥下鳞片制成了一对翅膀，然后，用混合水银的黏胶把翅膀固定在这只蜥蜴的背上，成了有翅膀的蜥蜴。他还给这只蜥蜴贴了眼睛、角和胡须，把它驯养在一个盒子里。当他给朋友展示时，把大家都吓跑了。

既没有收到来自罗马官方的订单，又没有重拾画笔的欲望，莱奥纳多总不能无所事事地混日子吧？他把注意力投入科学技术和工程学方面，借此度过在罗马的日子。他对几何方程式进行了理论化归纳，对声波在空中的传导进行了实验，并且接受了一项设计排水方案的工作；他再一次回到机械师的角色，为朱利亚诺设计了一台轧机，可以铸造出硬币。他对制镜工艺尤为感兴趣，对于镜子聚焦的数学规律研究乐此不疲，画了不少光线抛到曲面的示意图。他一直忙着，甚至还写了不少关于他的实验和思想的笔记。

尽管如此，烦恼继续困扰着他。

与教皇的矛盾

莱奥纳多是受教皇的弟弟朱利亚诺邀请来到罗马的。但朱利亚诺本人经常不在罗马而是四处巡游，实际与莱奥纳多打交道的是教皇利奥十世——一位身材粗壮的男人，有人称他为“胖子”。他利用教皇的优厚待遇寻欢作乐，天天过节、夜夜笙歌，美女和美酒、音乐和佳肴、狩猎和游戏，缺一不可。

他不喜欢莱奥纳多。

传记作家瓦萨里说，莱奥纳多在为教皇的一位公证人巴尔达萨尔·布列斯奇亚绘制了《圣母子》和一个小男孩的肖像后，终于等到了来自教皇利奥十世的订单。尽管是一些小型画作，但对初来乍到的莱奥纳多来说是个极好的机会——教皇利奥十世能把这位米兰来的艺术家带进罗马眼花缭乱的金钱和权力圈，更能让他在"永恒之城"不沮丧、不失望，安心扎根。遗憾的是，莱奥纳多没有意识到机会降临，更没有伸手去抓。他迟迟不动手绘画，竟然鬼使神差地去调制清漆——清漆是绘画作品的最后工序，为何不尽快开始绘画，而耗时去做最后一道工序呢？教皇看到不免嘲笑道："唉，这个男人做不成任何事，正经事不开始，却想到结束之后的事了。"

其实，自壁画《安吉亚里之战》后，莱奥纳多对于委托的项目一直小心翼翼考虑如何收场。几年前他写道："不仅要仔细考虑收尾，而且要首先考虑收尾。"

于是，教皇的订单（机会）就在“首先考虑收尾”中随风而逝了。

与教皇的关系跌落到低谷还有一个原因——莱奥纳多身边有一位性情乖戾、喜欢无事生非的助手。他不理解莱奥纳多敏感的性情和跳跃的思维，开始散布谣言说莱奥纳多鬼灵附体，经常一个人深夜潜入停尸房，把尸体切成碎片；一直在纸上乱涂乱画一些谁也看不懂的咒语，他是一名巫师云云。确实，莱奥纳多一直在使用罗马圣灵教堂医院提供的尸体继续他的人体解剖学研究。

随着谣言的扩散和巫术阴云的笼罩，莱奥纳多只得结束他最喜欢的研究。

四处碰壁，举步维艰，莱奥纳多在罗马的两年过得不开心。

妥协

面对挑战，莱奥纳多在罗马并没有浪费时间。

1514 年，他与同父异母兄弟朱利亚诺·达·芬奇出乎意料地和解了。在叔叔弗朗切斯科的遗产诉讼案中，朱利亚诺是家族中意志坚定带头对莱奥纳多提出指控的人。从此之后，莱奥纳多发誓不会再与他见面。但朱利亚诺却居住在罗马，这位30多岁的同父异母兄弟已经娶妻生子，而且与教会有着商业交易。朱利亚诺改善了与莱奥纳多的关系并且由此得到了一些帮助。

人脉关系在意大利文艺复兴时期是一种重要资源——莱奥纳多在佛罗伦萨当学徒时就学到了这一课。多年来，他建立了遍布欧洲的有价值的人脉关系网，毫无疑问，这些丰富的人脉资源同样是朱利亚诺需要的。具体说吧，朱利亚诺有一事相求莱奥纳多，希望他帮助传递一封信件给教皇的侍从，利用教皇的威望促成一项商业协议。朱利亚诺和父亲一样，也是一名公证员。他在罗马孤独无助，事业碰壁几乎无可救药，因此渴望兄弟莱奥纳多的帮助。至于最终朱利亚诺的商业协议是否如愿，我们不得而知，但他与莱奥纳多的和好及重建联系，为莱奥纳多与其他家人之间更广泛的和解铺平了道路。无论这种联系是否达到了血缘亲情的程度，至少让莱奥纳多有机会与他父亲的家人保持良好关系。

出路

随着莱奥纳多与生父家人改善关系和增加亲情，他的情绪低落的状况有所好转。不幸的是，艺术家的身体状况竟然急转直下，事业上的不得志，使他身心仿佛被摧垮了一般。在持续遭受疾病发作的折磨后，他面容憔悴，气色灰怆，1515 年夏天健康出现了严重危机。

我们无法考证是哪种疾病在折磨莱奥纳多，根据资料推断可能是中风。在 63 岁的年龄段，这位伟大的艺术家——那个用他的双手创造出非凡艺术品的人——身体已经不听使唤了。仿佛是半身不遂，他的右手永远不能画画了，麻痹的神经正在向他身体其他部位扩展。唯一欣慰的是，左手——我们知道他是左撇子，这只主导的手似乎无恙。然而，这次中风标志着莱奥纳多作为画家的职业生涯已经结束——尽管他在疾病之后仍然绘制出了完美无瑕的作品，但失去行动能力使他无法承担任何大型的绘画项目。对于一个充满活力和喜欢社交的人来说，这种打击实在令他无法承受。

在慢慢康复的过程中，莱奥纳多回顾走过的路，思绪万千。他情绪消沉颓丧，眼前经常出现雷电交加、风卷巨浪、山体滑坡、火山喷发、人们悲号的场景，为了驱除噩梦，他用黑色颜料画了十多张精彩的草图，并配上了文字渲染。这是一系列世界末日来临的悲惨景象，飞沙走石，风暴狂怒，人们惊慌失措争相逃命……在他的笔下，没有挪亚方舟，只有地球毁灭。他的情绪似乎要和整个世界一起崩溃（见彩图 14）。

莱奥纳多的救星——法国人出现了。

1515 年 10 月，教皇利奥十世访问佛罗伦萨和博洛尼亚，莱奥纳多受邀作为随行人员陪同前往。教皇这次访问是一项重要的外交活动。自从把法国人赶出意大利后，教皇作为神圣同盟的负责人正在处心积虑地寻求一种确保不再发生战争的方法。教皇将在意大利北部的博洛尼亚与法国新国王弗朗索瓦一世举行秘密会谈。血气方刚的新国王弗朗索瓦一世今年 8 月击败米兰的斯福尔扎军队，夺回了米兰的控制权。弗朗索瓦一世今年才 21 岁，身材高大魁伟，高鼻梁，绝对是个魅力十足的小帅哥，而且，他竟然

一家之言

莱奥纳多用“世界末日”来形容大洪水：

破碎的木筏挤满了男女老少，人们惊恐万状。船撞在岩石上成了碎片，波涛卷着被淹死的牲畜，冰雹、霹雳、旋风……大树无法支撑攀到树上的人们而摇摇欲坠……太阳穿过从云层照亮一切。

也是莱奥纳多的忠实粉丝。

对外交一窍不通的莱奥纳多，却在这次外交活动中抓住了一个绝佳的机会。

年轻的国王热爱艺术，求知若渴。莱奥纳多一直是法国王室宠爱的艺术家。几年前，在法国驻米兰总督的支持下，他回到米兰巩固了这一地位。如今，在弗朗索瓦一世眼中，莱奥纳多是意大利艺术界最前沿的艺术家——忘记米开朗琪罗和拉斐尔吧，只有一个莱奥纳多，他超越了所有人。而在莱奥纳多的眼中，弗朗索瓦一世是他实现夙愿的象征，是他迷失在罗马时的一颗闪亮的星辰。尽管他曾经得到卢多维科·斯福尔扎公爵的赞助和支持，但在意大利，没有任何一位公爵能像这位法国君主那样赞美他、欣赏他，弗朗索瓦一世是一个仰慕者，又是莱奥纳多梦寐以求的赞助人——能为他慷慨解囊，能够给他足够的安全感，能够让他完成自己所爱的一切研究。

毕竟，每个人，尤其是老年人，都喜欢被溺爱和尊重。

弗朗索瓦一世提议莱奥纳多到法国，许诺给他安排舒适的城堡和优厚的年金，这一切，莱奥纳多无法拒绝。

最后的旅行

在此之前，莱奥纳多从未离开过意大利。

他生在芬奇镇，长在佛罗伦萨，成就在米兰。1516 年秋天，这位 64 岁的老人在米兰短暂停留后，留下弟子萨莱，带着其他助手和弟子启程前往法国。途中，在阿尔卑斯山麓，他的秘书和学生兼手稿笔记的守护人梅尔兹加入，年底，莱奥纳多抵达法国，入住卢瓦尔河谷占地将近一公顷的克卢城堡。

莱奥纳多被国王授予“国王首席画家、工程师和建筑师”称号，赐予1 000埃居金币的年薪。

法国迎来一位身体虚弱的老人，在罗马的几年时光，莱奥纳多被抑郁和挫败感击垮。

一位来过庄园参观的游客在日记中写到，莱奥纳多虽然只有65岁，但看起来老态龙钟。他的健康每况愈下，但他的思想却充满活力，有很多创新的思维。这个男人仿佛回到佛罗伦萨那个年轻的时代，充满喜悦，干劲十足。

一家之言

一位目击者评论了国王与这位意大利老艺术家的关系。

“国王弗朗索瓦一世完全被莱奥纳多的睿智和深邃所迷倒，两人促膝长谈、惺惺相惜，实际上，一年中几乎经常在一起……我无法抗拒，我想重复国王对他说的话。国王说他永远不会相信世界上还会有像莱奥纳多这样的天才，无论是雕塑、绘画和建筑……还有，他是真正伟大的哲学家。”

莱奥纳多不是通晓世界奥秘的神仙，把他传奇的一生演绎成神话故事也未必能让人置信。但是，在年轻国王的眼中，莱奥纳多确实有着一般人难以企及的深邃思想、超前思维，以及多学科、多领域的广泛知识。多年前，莱奥纳多以雄辩的口才和潇洒的形象征服了卢多维科·斯福尔扎公爵，用思想的魅力让法国国王对他的赞助长达数十年，成就了他艺术上的伟业。而在兵荒马乱的日子，他又躲避一隅，与梅尔兹合作完成了整理笔记资料的繁重任务。之后，他的所有专著、涂鸦、图画和书籍都成了一个个小型资料库。可以说最后几年，国王给予莱奥纳多最好的待遇不是庄园别墅，也不是高薪，而是自由思考的时间，于是，资料库中就有了现代数学、医学、机械和工程学、哲学和艺术。

1519 年 4 月，一直抱病的莱奥纳多意识到“汤要凉了”，于是，他让一名公证员起草了他的最终遗嘱。由于没有孩子，他将几十年来积累的财产分给了他的学生和助手。他给萨莱留下一半的葡萄园和别墅，萨莱过去几年一直住在那里。他给生父塞尔·皮耶罗家族的每位兄弟留下一些钱，因为他们已经和好，有了亲人般的感情。莱奥纳多把他所有的笔记本、绘画用品，以及他身边所有的肖像画和其他艺术作品——包括《蒙娜丽莎》——留给了他最心爱的养子和得力助手乔瓦尼·弗朗切斯科·梅尔兹。

1519 年 5 月 2 日，在他亲爱的梅尔兹等学生和助手们的陪护下，莱奥纳多·塞尔·皮耶罗·达·芬奇的灵魂离开了躯壳。享年 67 岁。

第十一章

莱奥纳多的遗产

莱奥纳多亲近的人莫不为他的逝世而悲痛万分，他们如同失去至亲一样怀念他、哀悼他。莱奥纳多去世一个月后的1519年6月1日，梅尔兹给莱奥纳多的同父异母的兄弟们写了一封信，告诉他们这位伟人逝世的噩耗：

> 无法用语言表达我悲痛欲绝的心情，只要我一息尚存，我会一直感受到他的去世留给我的悲伤。他如同我的慈父一般，每天都给我激情和关爱，我们每个人都为失去这样的伟人而痛心不已，他是上天无法再创造出来的人。

莱奥纳多在遗嘱中曾希望举行盛大的葬礼和悼念活动，

就像他在佛罗伦萨青年时期曾经经历过的纪念节日那样。但是，不知道何种原因，这种情况并没有发生。遗体最后安放在法国昂布瓦斯城堡的教堂。我们可以想象梅尔兹和萨莱都在那里陪伴着他，三个月后，遗体被体面地下葬。

1802 年，这座教堂被拿破仑·波拿巴下令拆毁，于是，他的遗骨是否被迁移，具体迁移到哪儿，至今仍是个谜。

他的助手和朋友们的命运

弗朗切斯科·梅尔兹没有立即回意大利。我们从一份可靠的资料中发现，莱奥纳多去世后的几个月他一直逗留在昂布瓦斯——法国国王挽留他并付给他薪金，或许这样能够从他那里得到一些莱奥纳多遗留下的宝贵东西。梅尔兹让步了，他把莱奥纳多带到法国的绘画作品——包括《蒙娜丽莎》，奉献给了法国国王，以答谢国王在莱奥纳多最后的日子给予他的关怀和支持。

1520 年，梅尔兹带着莱奥纳多的伟大思想和他数千页的笔记、图画、涂鸦及其他遗物回到了米兰。他精心策划，把别墅布置得像私人博物馆一样，常年展出莱奥纳多的珍贵遗物，高兴地向每一位来客介绍这些物品，包括莱奥纳多的第一位传记作家乔尔乔·瓦萨里。

1570 年梅尔兹去世，享年 79 岁。

莱奥纳多的“小恶魔”萨莱并不那么幸运。多年来，他一直住在莱奥纳多留给他的米兰郊外别墅，1524 年，不知何故被人用弩箭射死。

还记得滑稽段子手托马索·马西尼吧？这位莱奥纳多最为神秘的老朋友，他的命运一直尘封于历史中，传记作家们很少提到他。我们知道他是莱奥纳多的得力助手，绰号叫“索罗阿斯特罗”，从米兰时代起就一直跟在莱奥纳多身边，参与了很多著名项目的创作。奇怪的是，在 1520 年，遇见过托马索·马西尼的人说，有一条蛇在这个怪异男子的家里，那蛇竟长着四条腿，而且，托马索·马西尼认定是某个狮身鹰首兽将这蛇从利比亚（非洲）带出来，然后在空中扔到马莫洛桥上，索罗阿斯特罗发现了那条蛇并将其驯服云云。说得活灵活现，令人毛骨悚然。“应该是莱奥纳多在罗马搞的恶作剧的那只长翅膀的蜥蜴吧？收集一些怪异的东西符合托马索的性格。”有人猜测道。托马索·马西尼一直在罗马、佛罗伦萨及凡是他能够栖身的地方搞一些奇奇怪怪的项目，其中有炼金术和算命等。1520年在提到奇怪的蜥蜴事情后不久，他在罗马去世，享年58岁。

身后名

乔尔乔·瓦萨里是莱奥纳多早期的传记作家之一，他的传记洋洋洒洒对这位文艺复兴时期的伟大艺术家做了深刻又细腻的描述，展现了莱奥纳多最真实、最精彩的画面，他的文字足足影响世界超过三个世纪。

> 上天发出璀璨的光辉，莱奥纳多就是其中的一束光，我们沉浸在其中，祈祷自己获得辉光。

在瓦萨里眼中，莱奥纳多是一位具有神性的艺术天才，

一家之言

瓦萨里写道：上天会向我们送来一些带有神性光辉的人，让我们以他们为榜样，仿效其行为，使得自己的思想和睿智接近最高境界。事实证明，如果有机会学习和追随这些具有神奇天才之人，即使上天没有或者很少赋予自己才华，也可以接近或者参与这种具有神性的超凡作品。

这是瓦萨里根据莱奥纳多杰出的绘画成就而得出的结论，现在看来，这个结论并不全面且很奇怪。莱奥纳多给后世留下的遗产只是一个剪影，直到 19 世纪晚期莱奥纳多的笔记本被发掘出来重新研究，而且随着研究的不断深入，人们才发现三个多世纪以来只记住了艺术大师及其艺术成就，却在很大程度上忽略了莱奥纳多在解剖学、几何学、力学、建筑学和哲学方面的卓越贡献。第一次看到他笔记本中的文字时，人们简直无法相信这些弥足珍贵的东西竟然长期以来被熟视无睹——如同在一面挂毯的某个角落放了一只放大镜，过去 300 多年里，世界一直盯着莱奥纳多这面伟大挂毯的一角，只有当他的手稿和笔记重新出现，世界才放下放大镜，看到莱奥纳多这面天才挂毯的真实范围。

接下来的100年里，科学家、艺术家、作家、考古学家和心理学家们深入研究了莱奥纳多的文字记录，从中获取了丰富的信息。以莱奥纳多在笔记本中引用的资料为线索，学者们估计，目前已知的笔记和手稿不到全部文字的三分之二。

1965年，在西班牙马德里国家图书馆的书堆中发现了他著作的残缺部分。由此推断，尚有数千页的笔记或手稿隐藏在世界各地的图书馆或档案馆中，有待我们去发掘。

然而，在他本人笔记手稿残缺不全且又无任何新发现的情况下，我们只能用我们固有的思路和范式去探究这位世纪伟人，填补莱奥纳多研究中的空白，尽量还原一个真实的莱奥纳多——他是一个“超越时代”的人，一个文艺复兴时期的创造天才，抑或是一个工于心计的阴谋家——以及找到我们想要的任何东西。至此，读者不难看出我这本书的主题——莱奥纳多究竟是个什么样的人？

沿袭莱奥纳多一贯的做法，本书也是“未完成”，留下下面这道题请读者诸君自行思考回答：

莱奥纳多对你来说意味着什么？

后 记

第一次“邂逅”莱奥纳多这位世纪伟人，是2008年我访问意大利佛罗伦萨附近芬奇小镇的时候。我承认，当天我的思绪并没有聚焦在这位睿智的天之骄子身上，因为我累了——这个小镇是我参观的第三站，意大利夏日的炽热阳光耗尽了我身体所剩无几的能量。炎炎烈日下的山丘及成片的葡萄园，如莱奥纳多当年所看到的一模一样，只有穿过山谷的高速公路和安装在红瓦屋顶上的接收卫星信号的大锅在不断提醒我，意大利文艺复兴已经离开我们很久了。

今天，芬奇镇因为孕育了它的一位伟大儿子而成为世界圣地。莱奥纳多博物馆坐落在芬奇镇最著名的山顶上，吸引着每一位参观者的目光。无论你在哪里，提起这位伟大的世纪奇才，你一定会联想他生于斯长于斯的这片土地，也会想到他坎坷而辉煌的一生。当时，我会因在炎热阳光下烤晒一个半小时后回到巴士而开心，而现在，我宁愿花更多的时间去享受这迷人的莱奥纳多家乡的风景，哪怕只是坐着发呆。

第二次“遇到”莱奥纳多是我在研究生院攻读艺术史和考古学硕士学位的时候。尽管文艺复兴时期的艺术成就并不是我学科的重点，但研究生院的一名教师是这个领域的专家。他很愿意与听他课的学生们交流，倾听学生们的议论，不仅关于莱奥纳多，还有那个时期的所有艺术家。

第三次“遇到”莱奥纳多，是我决意要研究他、要撰写这本书的时刻。我花了数月的时间阅读了后世关于这位伟人的研究成果，查阅了不少珍贵的原始资料，陷入他的绘画作品中不能自拔。尽管如此，我还想得到更多更多——和其他研究者一样，我想用更多细节去探究他的思想、成就及生活中的一切。遗憾的是，由于历史资料和技术所限，目前，展现伟大的莱奥纳多的完整形象只能是一种理想的境界。

词汇表

阿卡塔布里加：莱奥纳多的继父。

阿碧拉：塞尔·皮耶罗的第一任妻子、莱奥纳多的第一位继母。童年的莱奥纳多与阿碧拉很亲近，并把阿碧拉当作母亲。

祭坛画：如绘画或雕塑，挂在教堂祭坛后面的描绘宗教场景的艺术品。

安德里亚·德尔·韦罗基奥：意大利文艺复兴时期的重要艺术家，莱奥纳多的老师。

安东尼奥 ·德· 塞尔·皮耶罗· 达·芬奇：莱奥纳多的祖父。与莱奥纳多家族其他人员不同，安东尼奥不是公证员。

学徒：从熟练雇主那里学习贸易或技能的人。通常，学徒必须向雇主支付学费。

卡泰丽娜：莱奥纳多的生身母亲。

法国国王查理八世：1494 年入侵意大利，之后不久被驱逐出该地区。

圣路加：佛罗伦萨画家行会组织，莱奥纳多于 1472 年加入。

佣金：工作或项目的收入。

马术：马或与马的雕塑等有关的项目。莱奥纳多多年来一直为设计和制作卢多维科·斯福尔扎青铜马雕像而辛勤工作。

弗罗林：佛罗伦萨制造的金币。由于佛罗伦萨的财富和银行业的声望，弗罗林往往是意大利的首选硬通货币。

弗朗西斯卡：莱奥纳多的第二位继母和塞尔·皮耶罗的第二任妻子。莱奥纳多很可能很少与她接触，因为他在进入安德里亚的工作室作为学徒之前只是短暂地见过她。

弗朗切斯科：莱奥纳多的叔叔。他只比莱奥纳多大 15 岁，他们非常亲密。

石膏粉：一种白色涂料，艺术家在绘制之前先用石膏粉涂抹木板。

乔尔乔·瓦萨里：独立的艺术家和传记作家，他撰写了《艺术家的生活》一书，记述了意大利文艺复兴时期的大多数艺术家的生活和工作。他是莱奥纳多的第一位传记作家。虽然他从未亲自见过莱奥纳多，但瓦萨里见过莱奥纳多的好朋友和得力助手梅尔兹，并通过梅尔兹了解这位艺术家的生活。

公会：由在特定行业工作的人员创建的组织。除此之外，还有书记员、银行家、面包师和其他许多行业的行会。这些基本上像职业俱乐部一样。

路易十二：法国国王，继查理八世之后夺取王位。路易十二在1499年再次成功入侵意大利，这一次夺取了米兰，打败卢多维科·斯福尔扎。这次入侵迫使莱奥纳多离开生活了18年的米兰。

美第奇：一个强大的佛罗伦萨银行家族，从15世纪中叶到16世纪中叶统治佛罗伦萨，只中断过几次。莱奥纳多主要和洛伦佐·美第奇打交道。洛伦佐·美第奇从1469年统治佛罗伦萨，直到1492年去世。

乔瓦尼·弗朗切斯科·梅尔兹：莱奥纳多的助理、养子兼朋友。莱奥纳多于1519年去世时，梅尔兹继承了所有莱奥纳多的笔记本和未完成的画作。梅尔兹对这些宝贵物品的精心照顾使它们能够保存到今天。

镜像字体：莱奥纳多以这种方式写作，从右到左书写，字母倒过来。

马基雅维利：一位佛罗伦萨的政治家和作家，马基雅维利最著名的著作是他的《君主论》。

公证人：公证人是14世纪和15世纪意大利的重要人

物。他们负责撰写商业和法律合同，并监督遗嘱和其他此类文件的创建。在商业交易蓬勃发展的文化中，公证人是使整个国家机器顺利运行的重要组成部分。

赞助人：为一个人提供经济或其他支持的人。在莱奥纳多的案例中，他的赞助人是卢多维科·斯福尔扎和法国的米兰总督查尔斯·德安布瓦兹，他们在一段时间内继续支持这位艺术家。

帕兹阴谋：在罗马的教皇和佛罗伦萨的帕兹家族的支持下，对美第奇家族的失败颠覆。最后，洛伦佐·美第奇的力量比以往任何时候都更加强大。

文艺复兴：文艺复兴字面意思是“重生”。用来描述 14 世纪中叶至 17 世纪（1350 年至 1600 年）欧洲的文化发展时期。文艺复兴时期的高峰在 15 世纪至 16 世纪。

共和国：一种政府形式，其领导者作为选择他们的人的代表。

萨莱（小恶魔）：作为一个小男孩，他进入莱奥纳多的工作室服务，而对于莱奥纳多的余生来说，“小魔鬼”更像是他的儿子。

塞尔·皮耶罗·达·芬奇：莱奥纳多的父亲。

斯福尔扎：米兰显赫的家族，从 15 世纪中叶到 19 世纪末统治着米兰。 卢多维科·斯福尔扎公爵从 1476

年到 1499 年一直是米兰的领导者。他是莱奥纳多最长期的赞助人，为艺术家提供了 18 年的资金支持。

手写笔：文艺复兴时期艺术家用来画画的一种铅笔。

托马索·马西尼，“索罗阿斯特罗”：托马索几十年来一直是莱奥纳多的助手。他有时做绘画助理、现场管理和其他一些零碎的工作。

文西奥河：莱奥纳多的出生城镇芬奇镇便是由这条河得名的。

莱奥纳多·达·芬奇大事年表

1452	4 月 15 日，莱奥纳多在佛罗伦萨附近的芬奇镇出生
	他的生父塞尔·皮耶罗与继母阿碧拉结婚
1457	莱奥纳多和他的叔叔弗朗切斯科及爷爷奶奶住在一起
1464	莱奥纳多的第一位继母过世
1466	莱奥纳多进入安德里亚·韦罗基奥的艺术工作室
1472	莱奥纳多加入佛罗伦萨画家行会
1473	莱奥纳多第一幅注明日期的作品:《1473 年 8 月 5 日风景画》，描绘了芬奇镇的景观
1478	帕兹的暗杀阴谋撼动了佛罗伦萨，莱奥纳多首次感受到文艺复兴时期意大利的

	政治动荡
	莱奥纳多接受了他作为艺术家的第一次个人委托
1481	莱奥纳多接到斯科佩托的圣多纳托修道院的订单，画一幅祭坛画。他从未完成这件作品
1482	莱奥纳多离开佛罗伦萨去米兰
1483	完成《岩间圣母》
1484	米兰暴发大瘟疫
1488	莱奥纳多的老师安德里亚·韦罗基奥去世了
1490	莱奥纳多访问帕维亚时研究青铜雕塑，为卢多维科·斯福尔扎设计青铜马雕像做笔记
1493	斯福尔扎青铜马雕像的泥塑模型公开展出
1494	法国国王查理八世入侵意大利
	莱奥纳多的斯福尔扎青铜马雕像项目被迫停止，青铜被拉去费拉拉熔铸成了大炮
1495	在圣玛利亚修道院绘制大型壁画《最后的晚餐》，于 1497 年完成

1499	法国国王路易十二入侵米兰，卢多维科·斯福尔扎公爵逃亡
1500	莱奥纳多离开生活了18年的米兰，前往曼图亚，然后到威尼斯，最后回到佛罗伦萨
	卢多维科·斯福尔扎公爵被法国军队抓获
1502	成为切萨雷·波吉亚的军事工程师
1503	离开切萨雷·波吉亚并返回佛罗伦萨
	开始大型壁画《安吉亚里之战》的创作
1504	生父塞尔·皮耶罗去世
	确定为叔叔弗朗切斯科的财产继承人
1506	离开佛罗伦萨返回米兰，这次是为法国人工作
	叔叔弗朗切斯科去世
1507—1508	遇到乔瓦尼·弗朗切斯科·梅尔兹
	他的同父异母兄弟不同意弗朗切斯科的遗嘱
1508—1509	潜心解剖学研究
1511	米兰的重要赞助人查尔斯·德安布瓦兹去世
	来自神圣同盟的士兵开始进攻法国，随

	后控制了米兰
1512	美第奇家族重新控制了佛罗伦萨政权
1513	莱奥纳多应洛伦佐·美第奇的儿子朱利亚诺·德·美第奇的邀请前往罗马
1515	弗朗索瓦一世登上法国的王位，重新征服米兰
1516	莱奥纳多离开罗马前往法国
1519	莱奥纳多写下遗嘱
	5月2日在克卢城堡去世，享年67岁

参考书目

Ady, Cecilia M. *A History of Milan under the Sforza*. N.p.: Methuen, 1907. Print.

Bartlett, Kenneth R. *A Short History of the Italian Renaissance*. Toronto: Toronto UP, 2013. Print.

Bramly, Serge. *Leonardo: The Artist and the Man*. London: Penguin, 1994. Print.

Brockwell, Maurice Walter. *Leonardo Da Vinci*. London: T.C & E.C. Jack, 1908. Electronic.

Burke, Peter. *The Italian Renaissance: Culture and Society in Italy*. Cambridge: Polity, 2014, Print.

Chambers, David. *Popes, Cardinals and War: the Church Militant in Early Modern and Renaissance Europe*. Tauris, 2006. Print.

Cohn, Samuel Kline. *The Laboring Classes in Renaissance Florence*. New York: Academic Press, 1980. Print.

Cruttwell, Maud. *Verrocchio*. New York: Charles Scribner's Sons, 1904. Print.

Fanelli, Giovanni. *Brunelleschi*. Firenze: Scala, 1980. Print.

Goldthwaite, Richard A. *The Building of Renaissance Florence: An Economic and Social History*. 1980. Print.

Hartley-Brewer, Julia. "Skydiver Proves Da Vinci Chute Works." The Guardian. Guardian News and Media, 27 June 2000. Web. 26 June 2017.

——— *History of Florence and the Affairs of Italy*. N.p.: Public Domain, 2001. Electronic.

Kemp, Martin. *Leonardo*. Oxford: Oxford UP, 2011. Print.

Leonardo. *The Notebooks of Leonardo Da Vinci, Complete*. Trans. Jean Paul Richter. Dover Publications, Inc., 1972. Electronic.

——— *Leonardo da Vinci: The Graphic Work*. Köln: Taschen, 2011. Print

Lubkin, Gregory. *A Renaissance Court: Milan Under Galeazzo Maria Sforza*. Berkeley: University of California Press, 1994. Print.

Machiavelli, Niccolo. *Mandragola*. Translated by Nerida Newbigin, Maryland: The Johns Hopkins UP, 2009. Elecronic.

McManus, I.C. "Life Expectation of Italian Renaissance Artists." *The Lancet*, Feb. 1, 1975. Electronic.

Najemy, John N. *A History of Florence: 1200-1575*. Massachusetts: Blackwell. 2008, Print.

Nicholl, Charles. *Leonardo Da Vinci: Flights of the Mind*. New York, NY: Penguin, 2005. Print.

Pedretti, Carlo. *The Literary Works of Leonardo da Vinci, Compiled and Edited from the Original Manuscripts by Jean Paul Richter*. Oxford: Phaidon, 1977, vol. 1. Print.

Potter, David. *Renaissance France at War: Armies, Culture and Society, C.1480-1560*. Boydell Press, 2008. Print.

"Signoria: Italian Medieval Government." *Encyclopedia Britannica*. 20 July 1998. Web. 20 Feb. 2017. Web.

Suh, H. Anna., ed. *Leonardo's Notebooks: Writing and Art of the Great Master*. New York: Black Dog & Leventhal, 2005. Print.

Vasari, Giorgio. *The Lives of the Artists*. Trans. Julia C. Bondanella and Peter Bondanella. New York: Oxford UP, 1991. Print.

Zöllner, Frank et. al. *Leonardo da Vinci: The Complete Paintings*. Köln: Taschen, 2011. Print.

People Who Changed the Course of History: Leonardo da Vinci 500 Years After His Death by Antone Pierucci
Foreword by Dr. Ross King

北京版权保护中心引进书版权合同登记号：图字 01-2018-5309 号

图书在版编目（CIP）数据

莱奥纳多·达·芬奇传：惊才绝艳500年 / (美) 安东·皮鲁西著；吴小彤译. -- 北京：新世界出版社, 2022.01
ISBN 978-7-5104-7380-7

Ⅰ. ①莱… Ⅱ. ①安… ②吴… Ⅲ. ①达·芬奇(Leonardo, da Vinci 1452-1519)—传记 Ⅳ. ①K835.465.72

中国版本图书馆CIP数据核字(2021)第261122号

莱奥纳多·达·芬奇传：惊才绝艳 500 年

作　　者：[美] 安东·皮鲁西
译　　者：吴小彤
责任编辑：贾瑞娜
装帧设计：贺玉婷　魏芳芳
责任校对：宣　慧
责任印制：王宝根　苏爱玲
出　　版：新世界出版社
网　　址：http://www.nwp.com.cn
社　　址：北京西城区百万庄大街24 号（100037）
发 行 部：(010)6899 5968（电话）　(010)6899 0635（电话）
总 编 室：(010)6899 5424（电话）　(010)6832 6679（传真）
版 权 部：+8610 6899 6306（电话）　nwpcd@sina.com（电邮）
印　　刷：天津中印联印务有限公司
经　　销：新华书店
开　　本：880mm × 1230mm　1/32　尺寸：145mm × 210mm
字　　数：180千字　印张：8.125
版　　次：2022年1月第1版　2022年1月第1次印刷
书　　号：ISBN 978-7-5104-7380-7
定　　价：68.80元